T
A
B

T
A
B

T
A
B

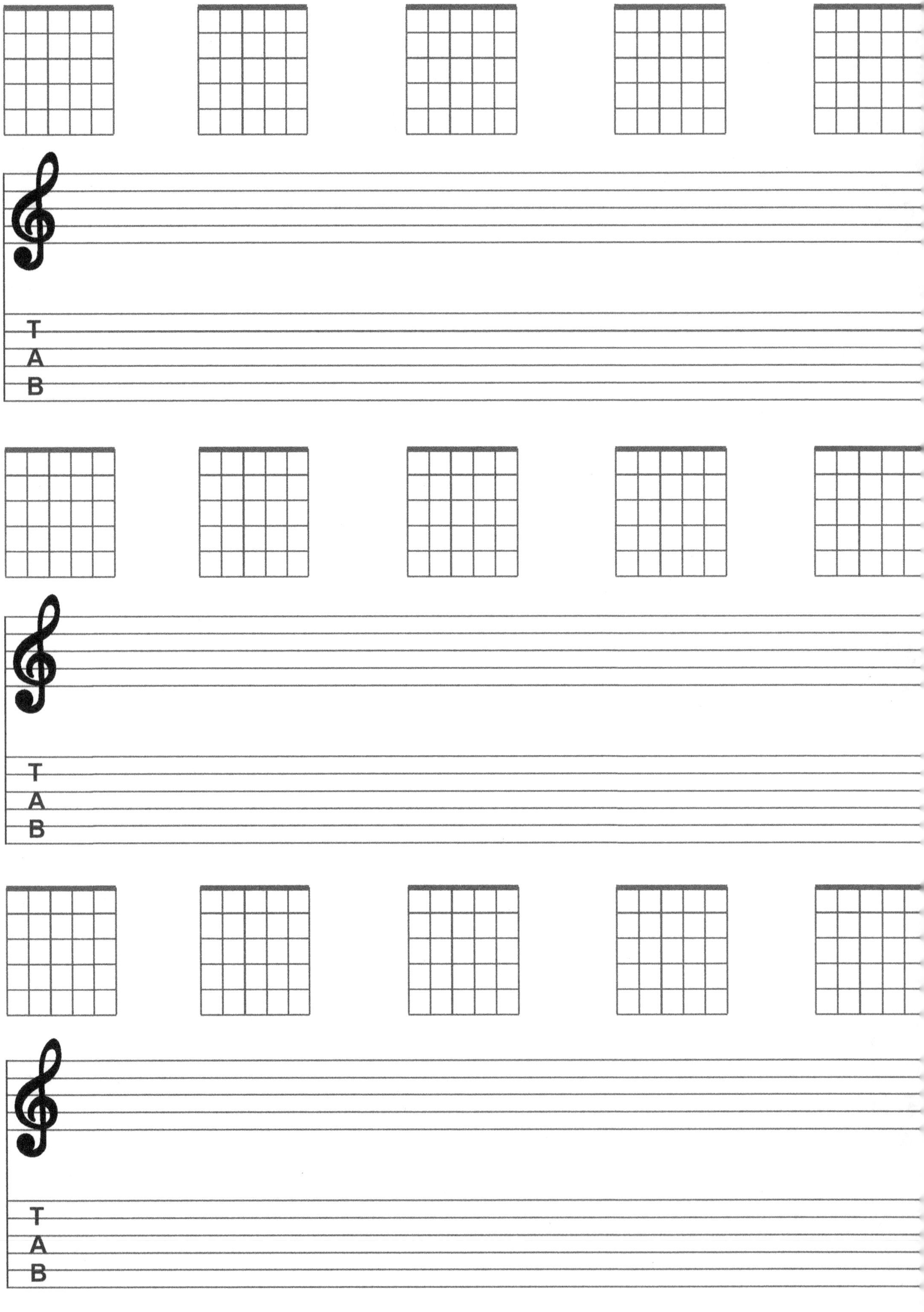
TAB
TAB
TAB

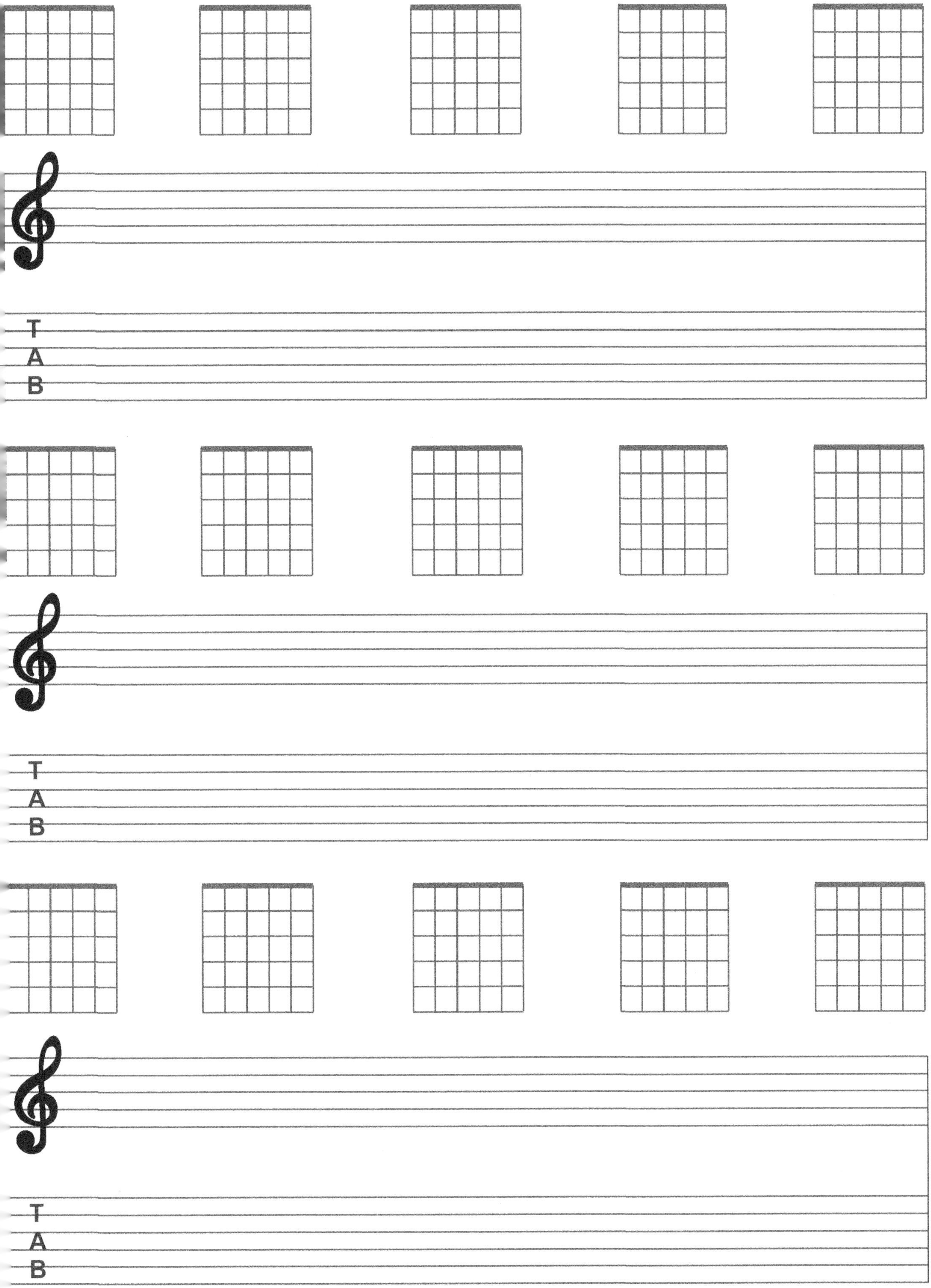
T
A
B
T
A
B
T
A
B

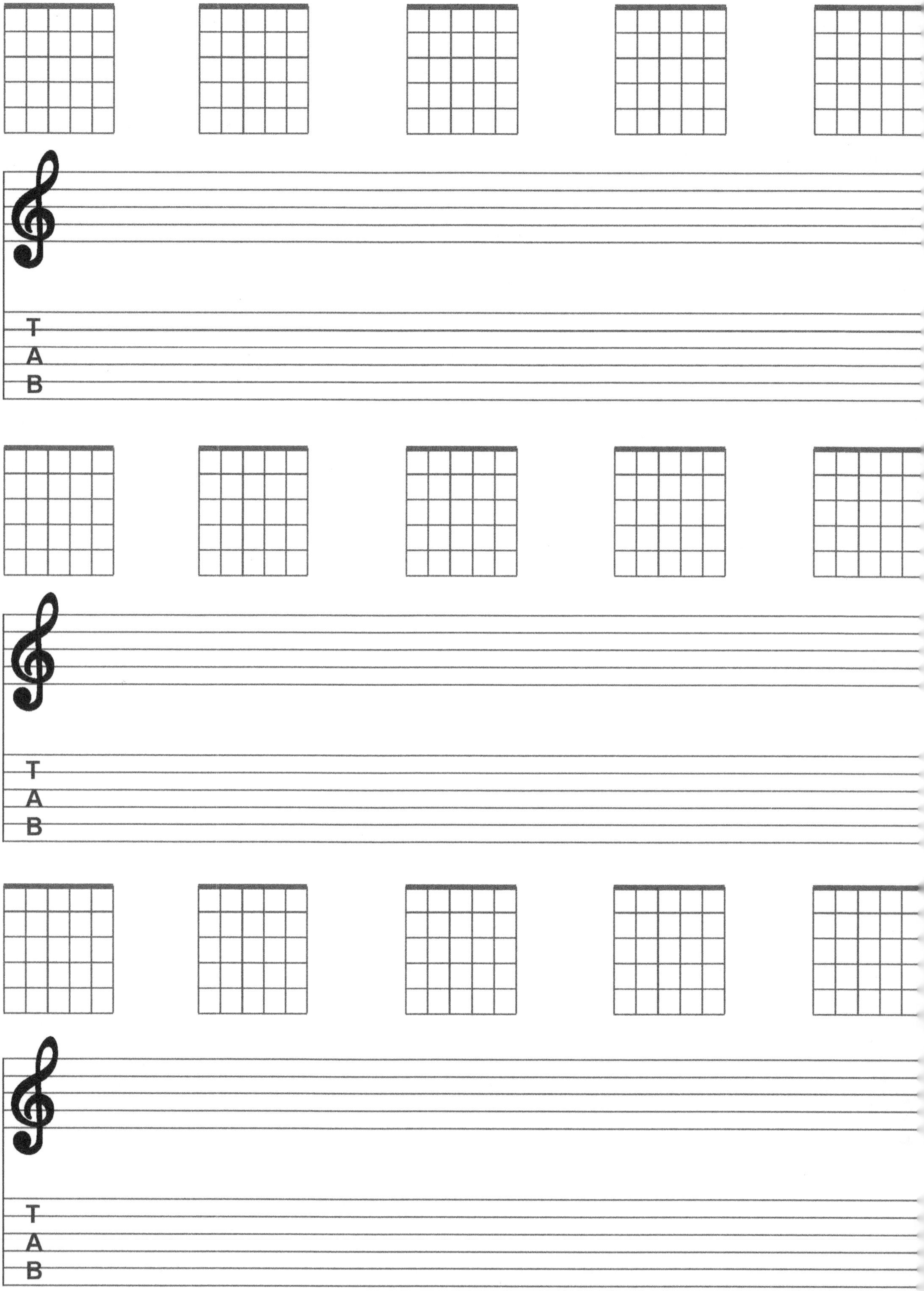
TAB
TAB
TAB

T
A
B

T
A
B

T
A
B

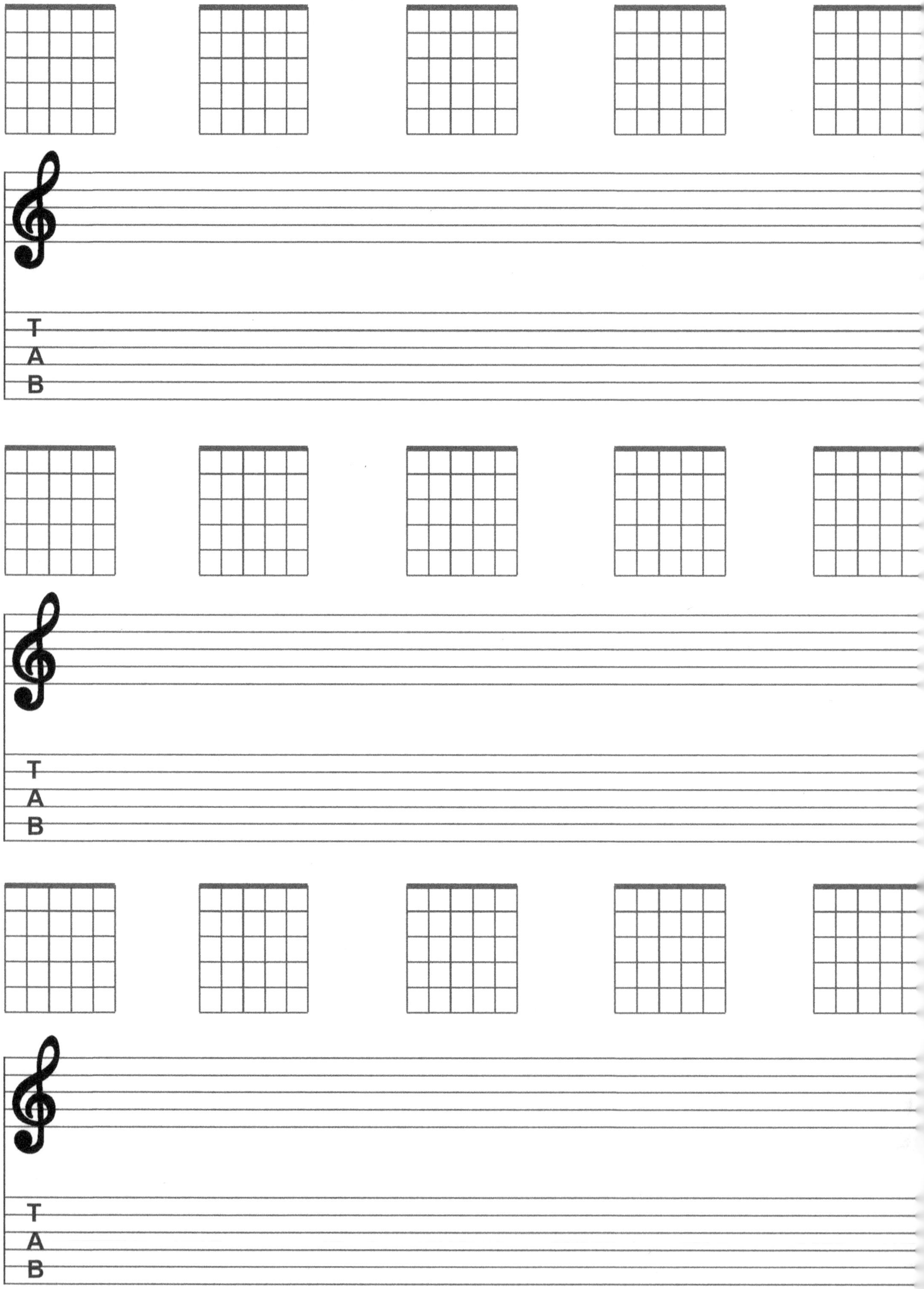
T
A
B
T
A
B
T
A
B

T
A
B

T
A
B

T
A
B

T
A
B

T
A
B

T
A
B

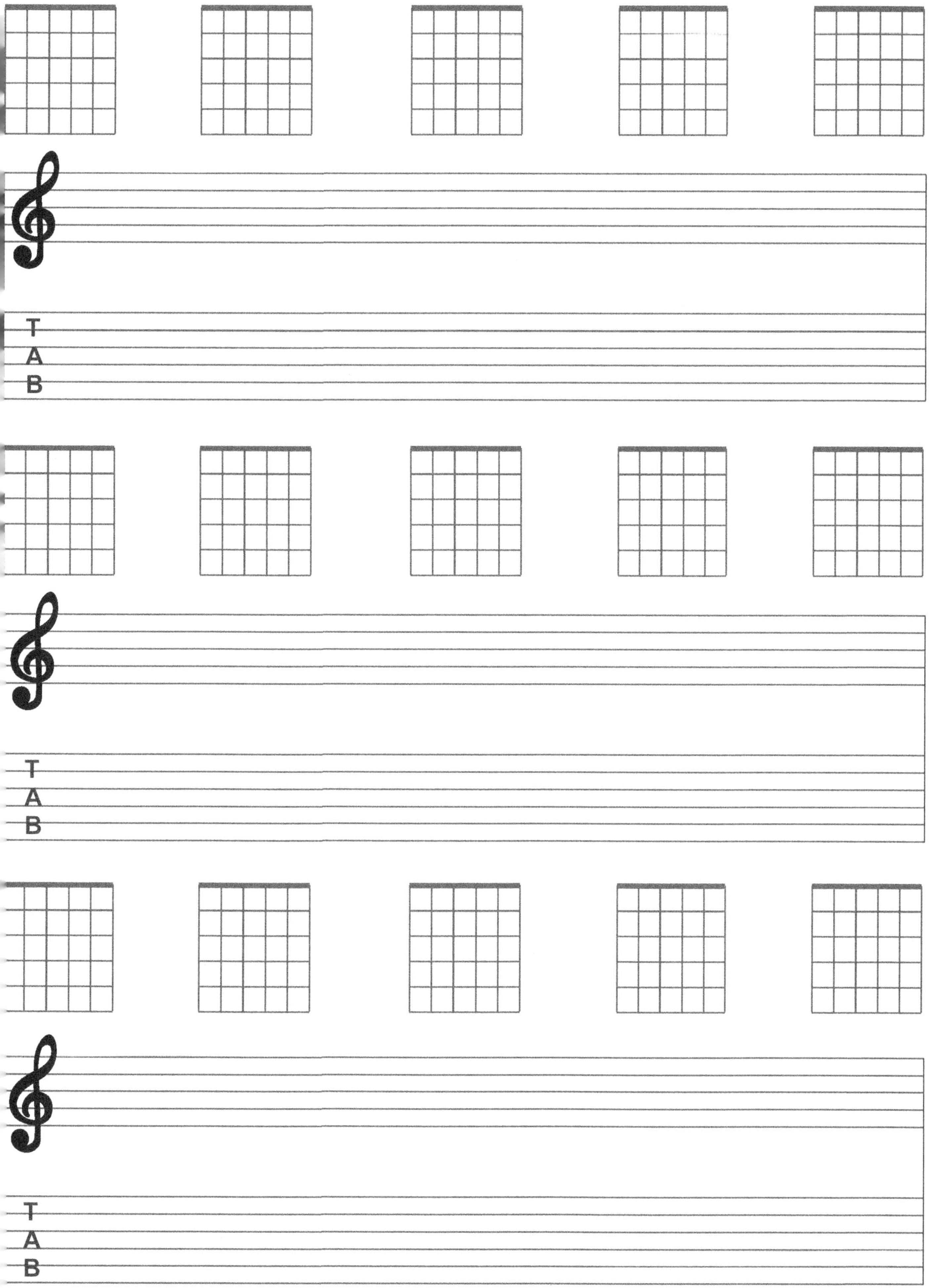
T
A
B
T
A
B
T
A
B

T
A
B

T
A
B

T
A
B

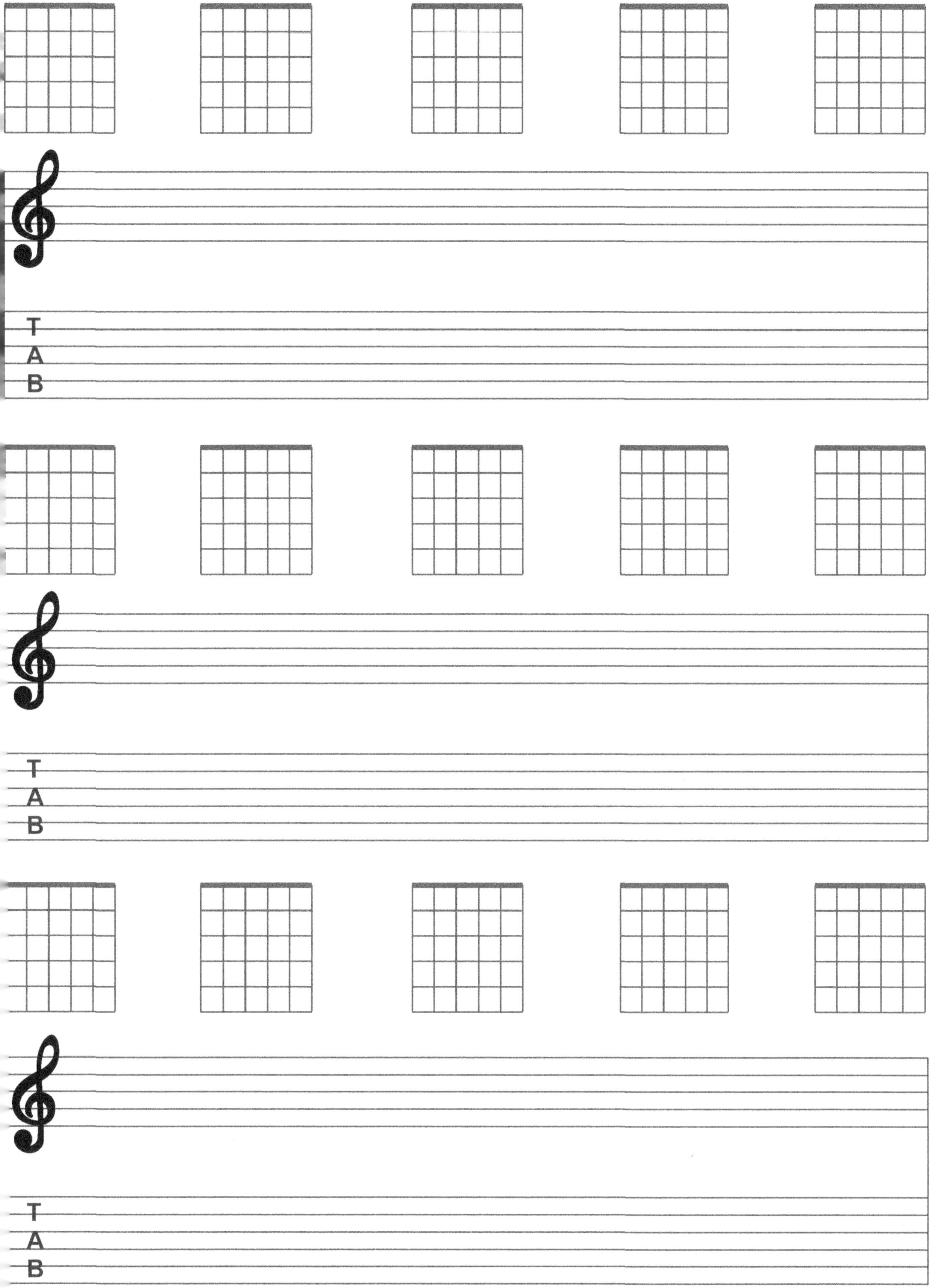
T
A
B
T
A
B
T
A
B

T
A
B

T
A
B

T
A
B

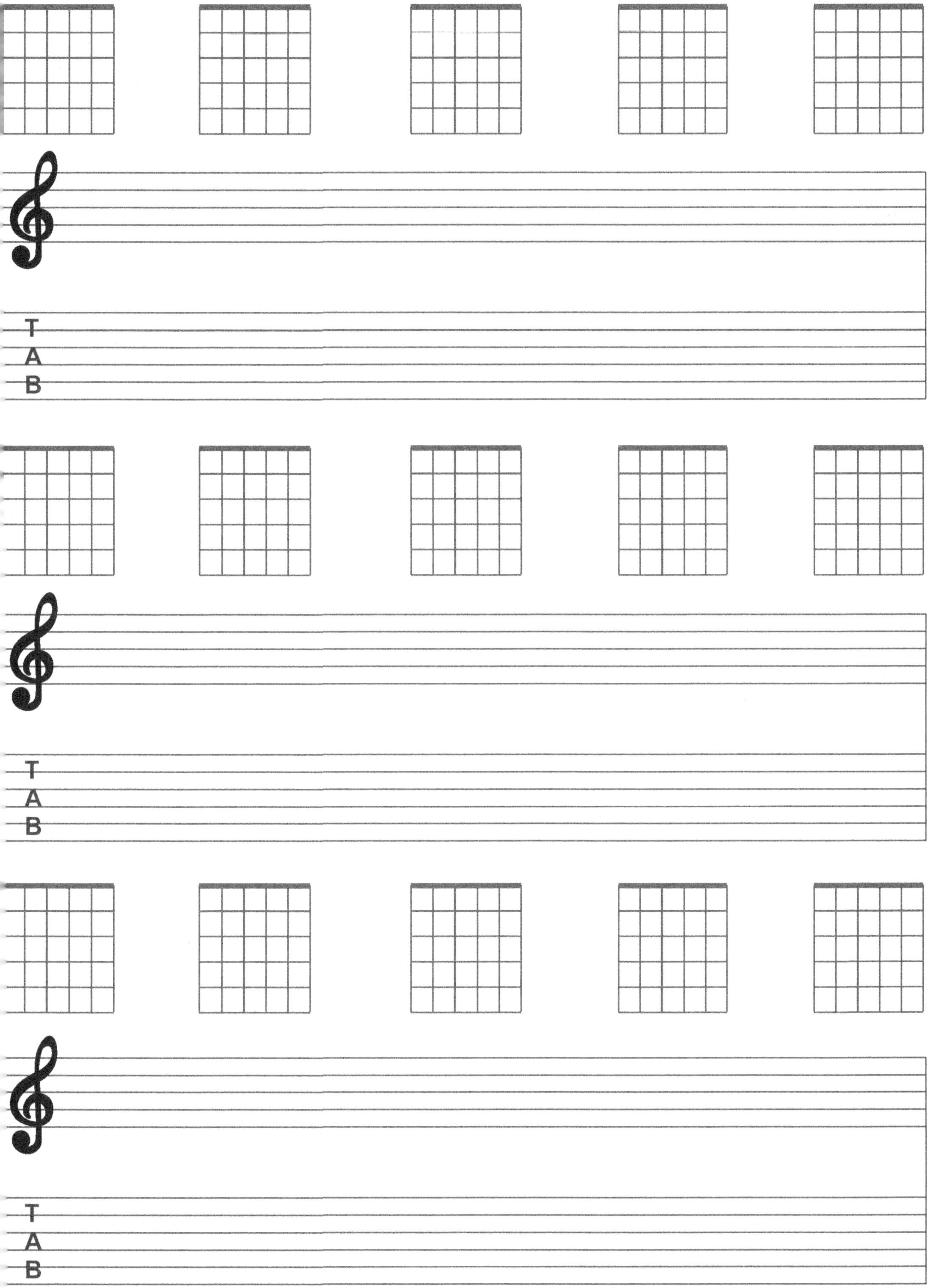
TAB
TAB
TAB

T
A
B

T
A
B

T
A
B

T
A
B

T
A
B

T
A
B

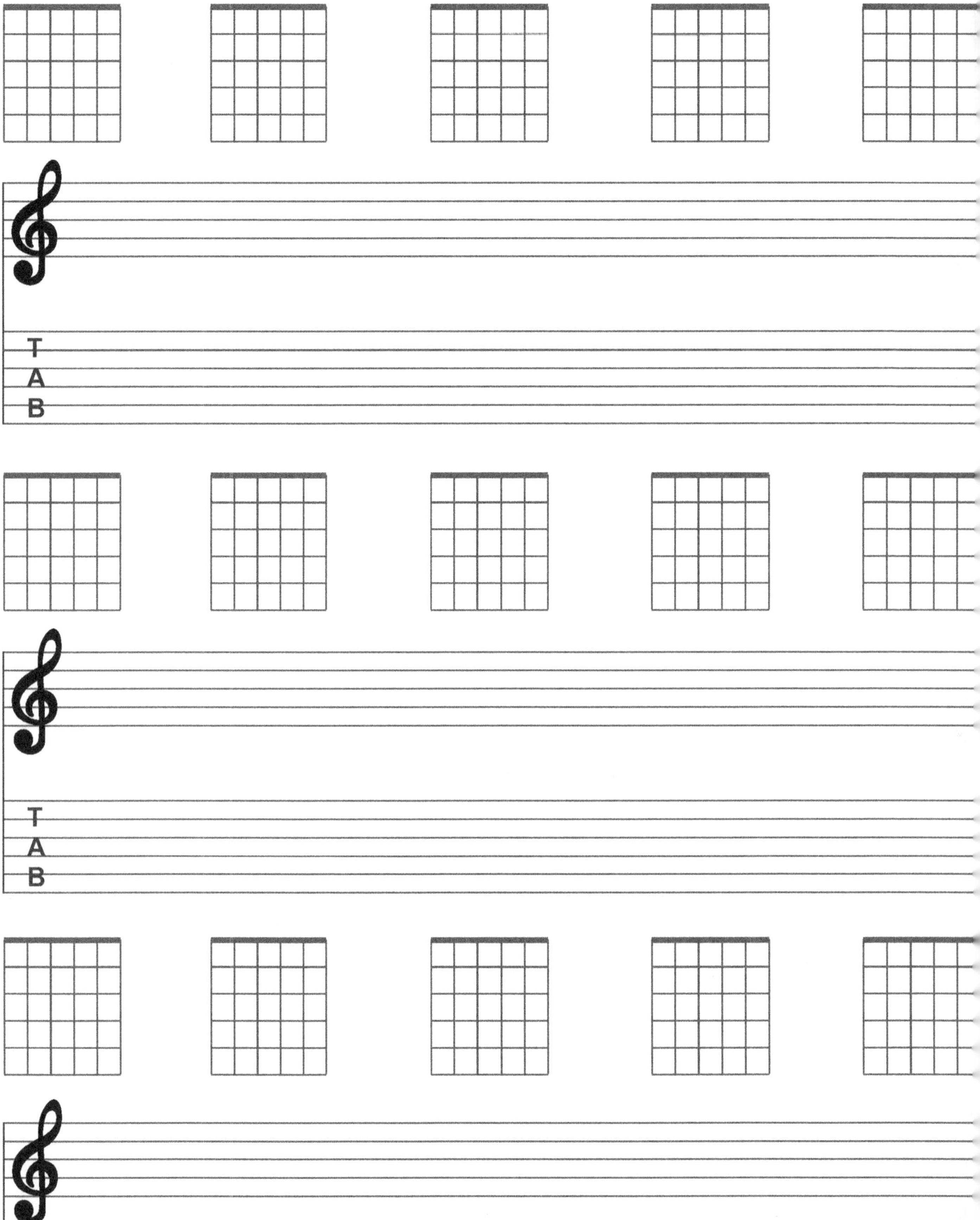
TAB
TAB
TAB

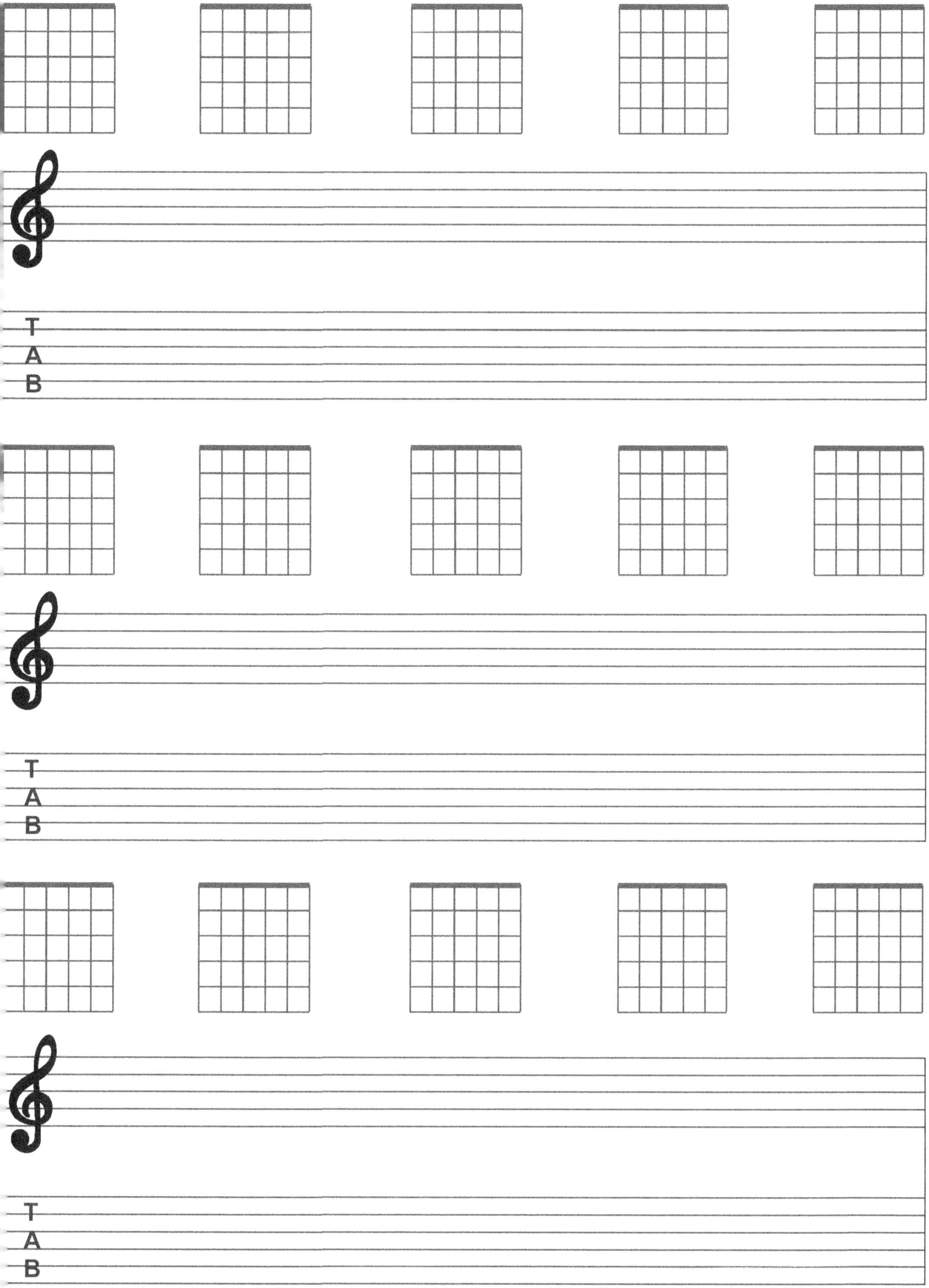
T
A
B
T
A
B
T
A
B

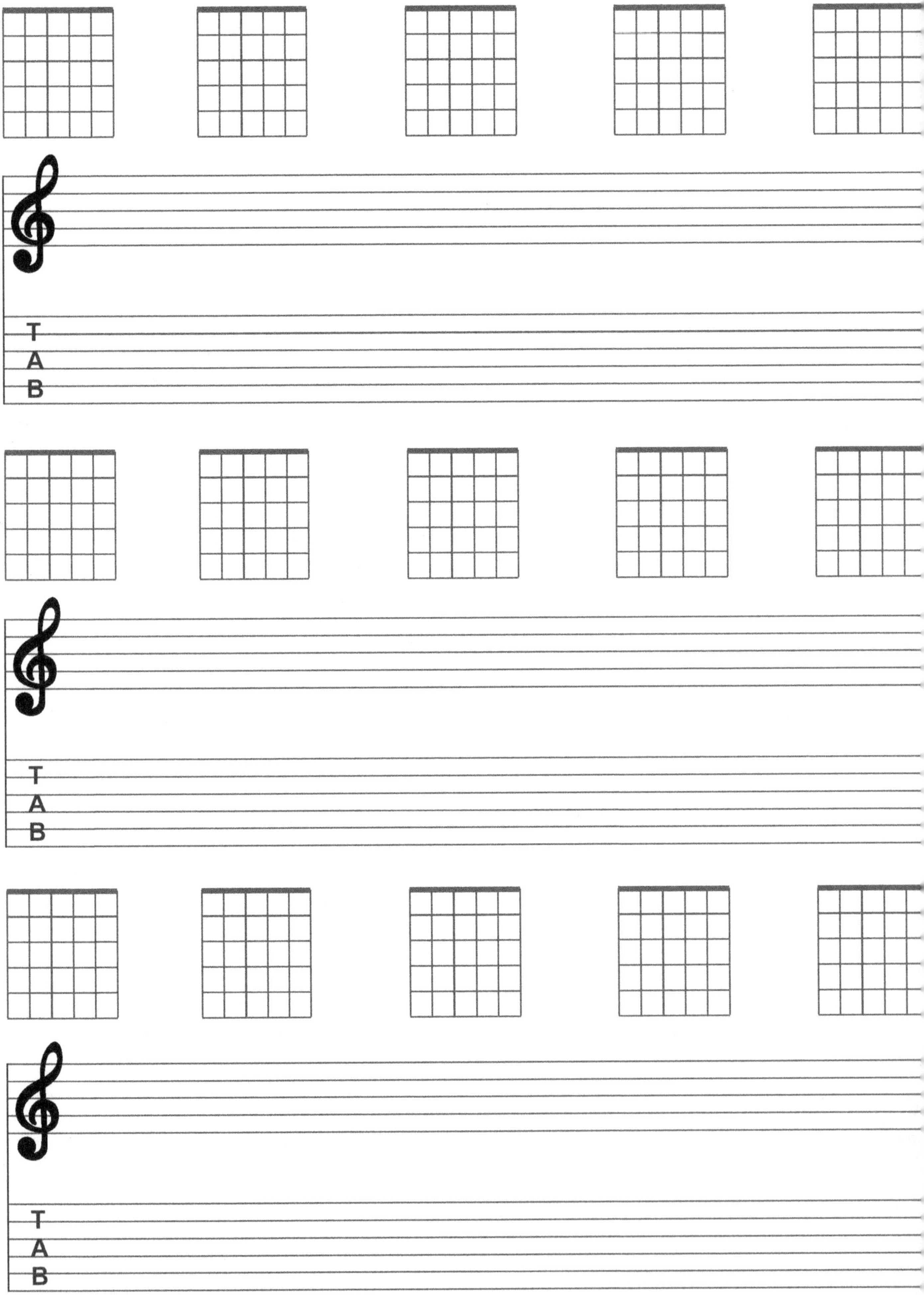
T
A
B
T
A
B
T
A
B

T
A
B

T
A
B

T
A
B

T
A
B

T
A
B

T
A
B

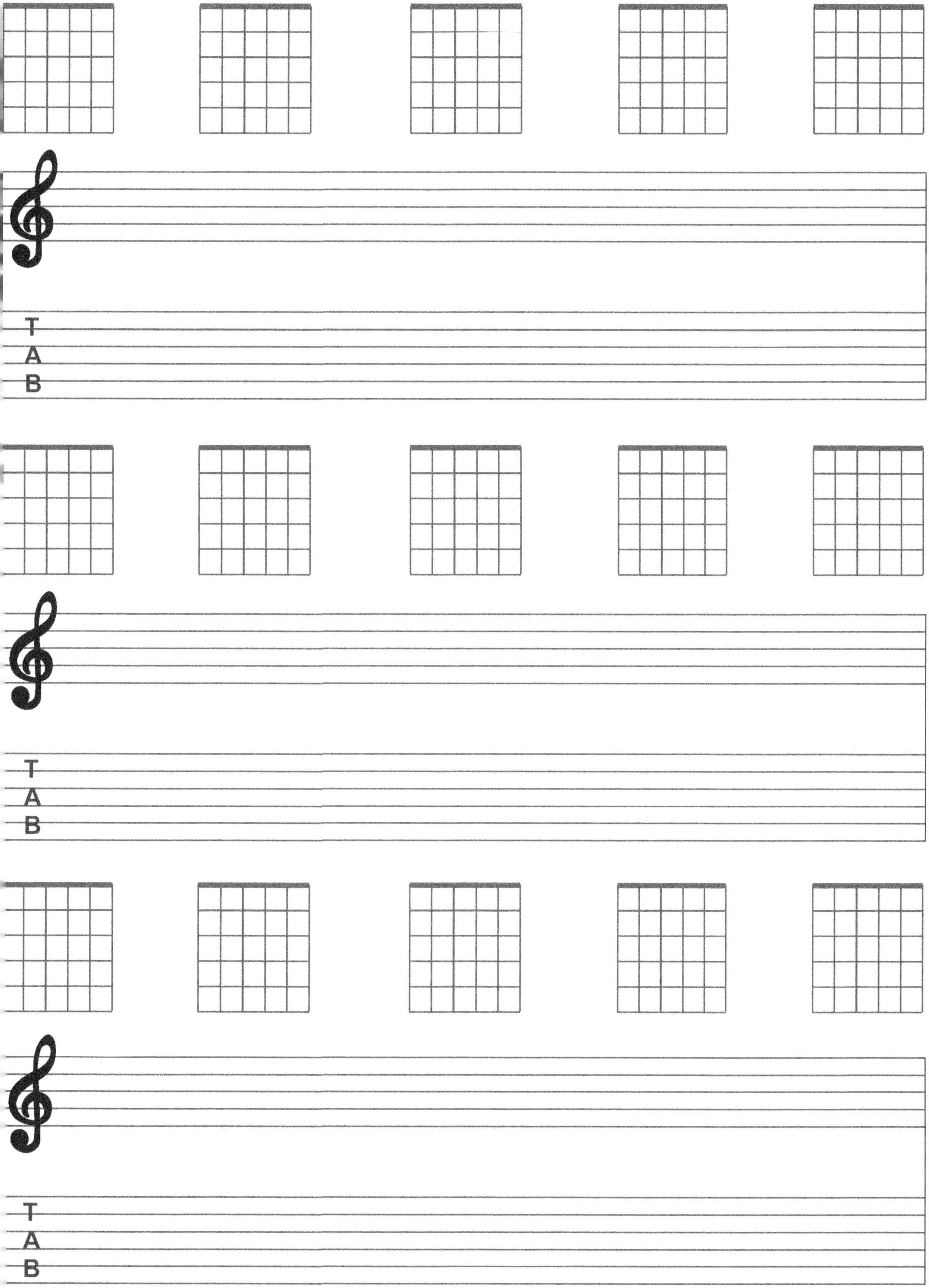
T
A
B
T
A
B
T
A
B

T
A
B

T
A
B

T
A
B

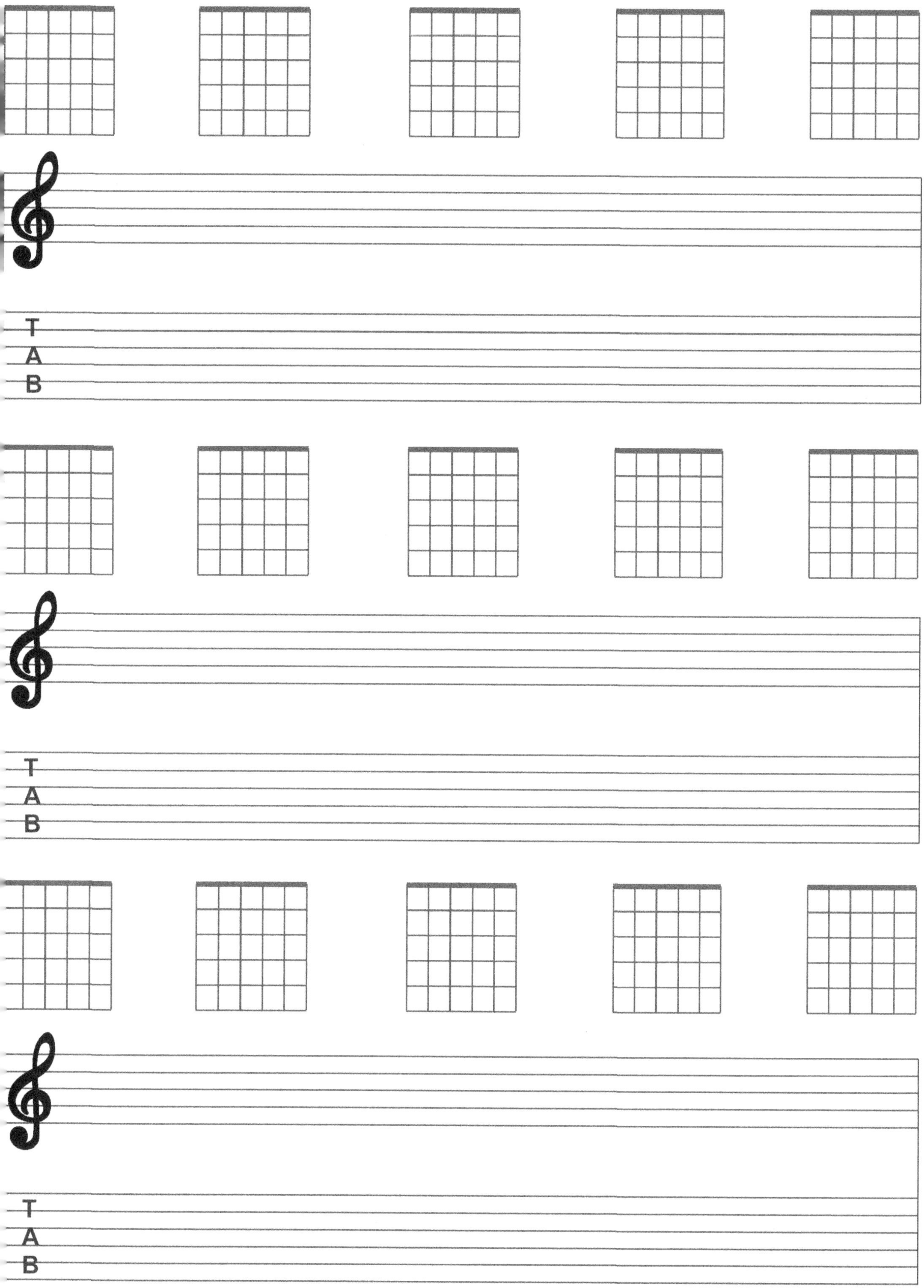
T
A
B
T
A
B
T
A
B

T
A
B

T
A
B

T
A
B

T
A
B

T
A
B

T
A
B

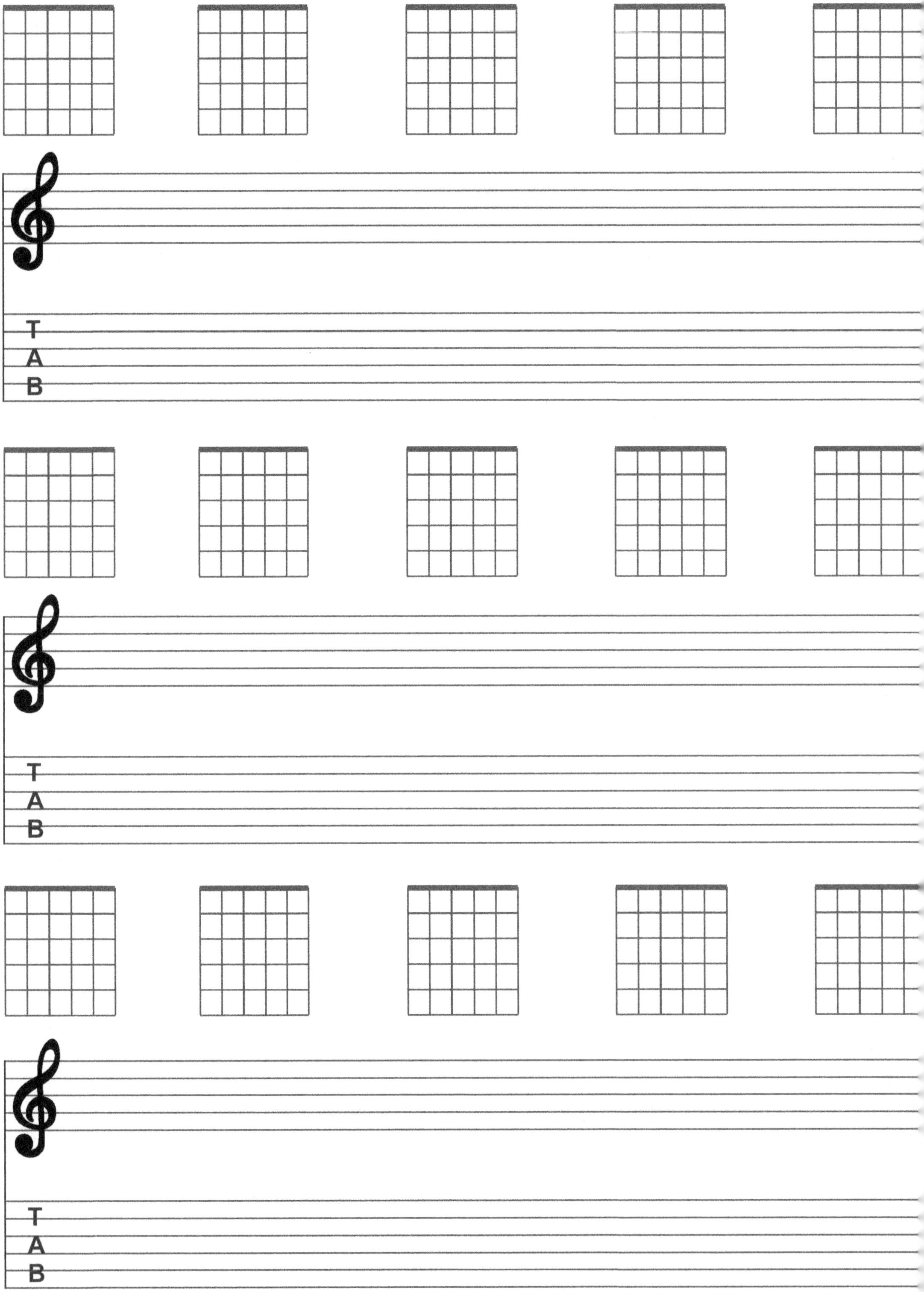
T
A
B
T
A
B
T
A
B

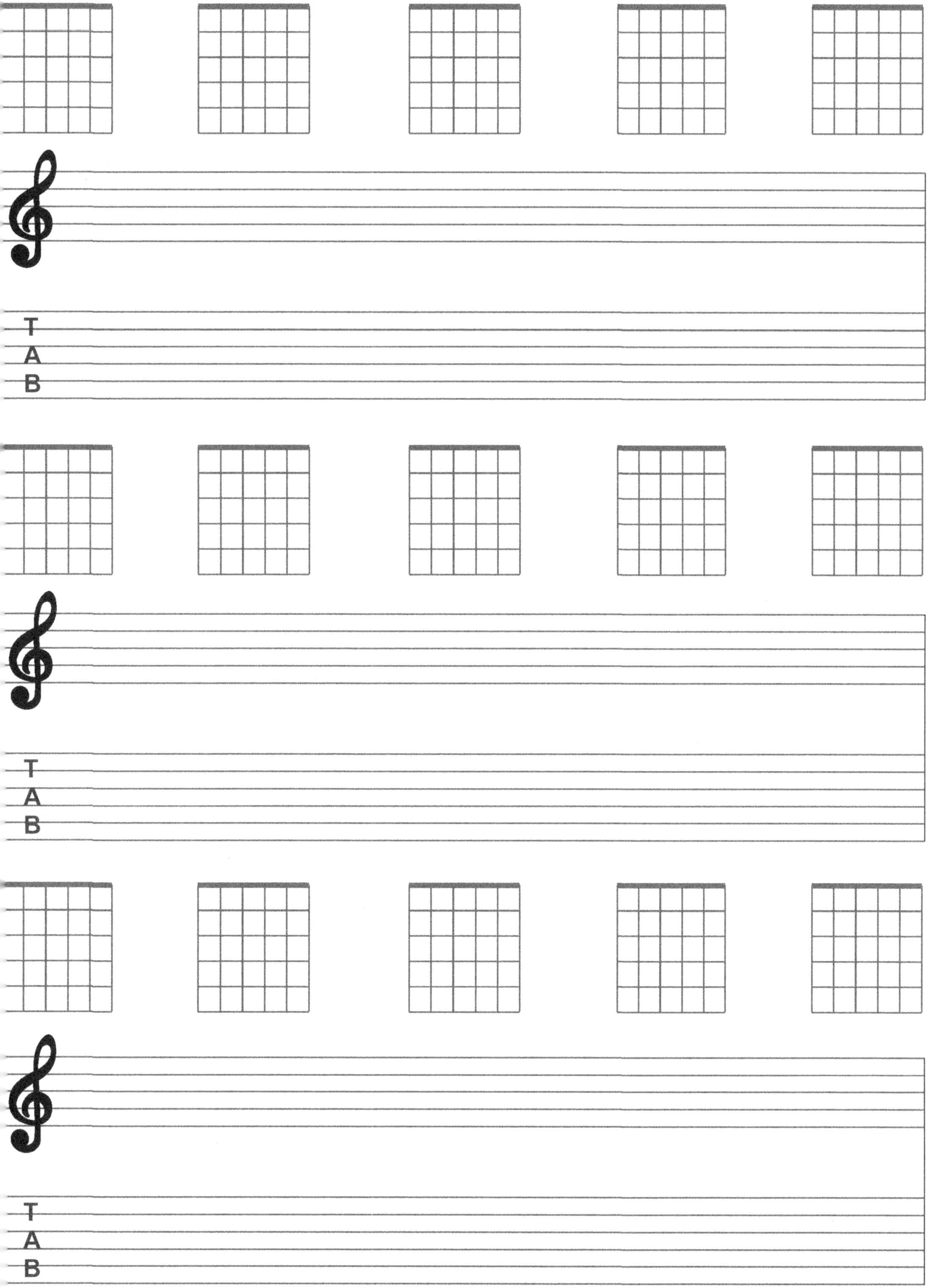
T
A
B
T
A
B
T
A
B

T
A
B

T
A
B

T
A
B

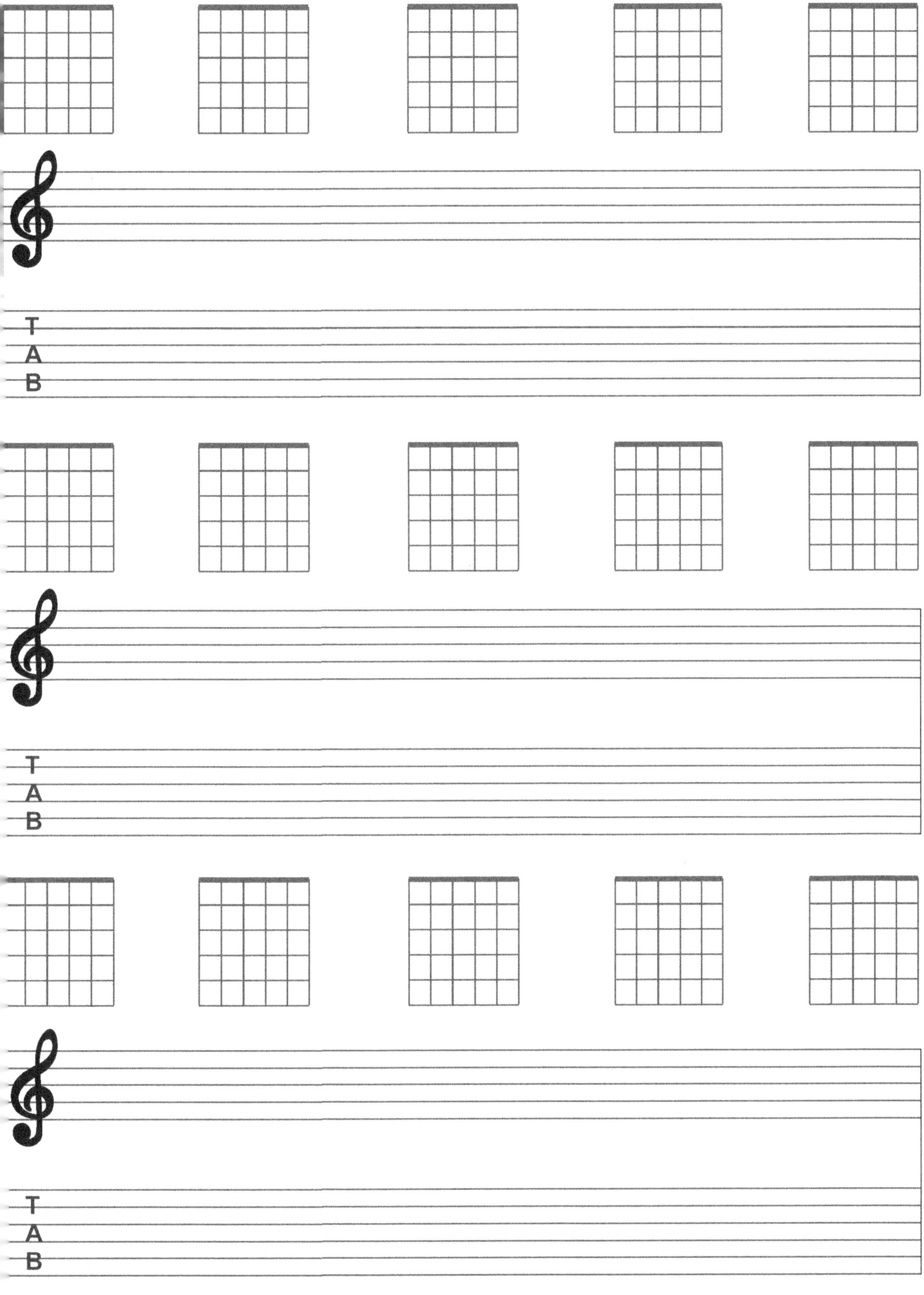
T
A
B
T
A
B
T
A
B

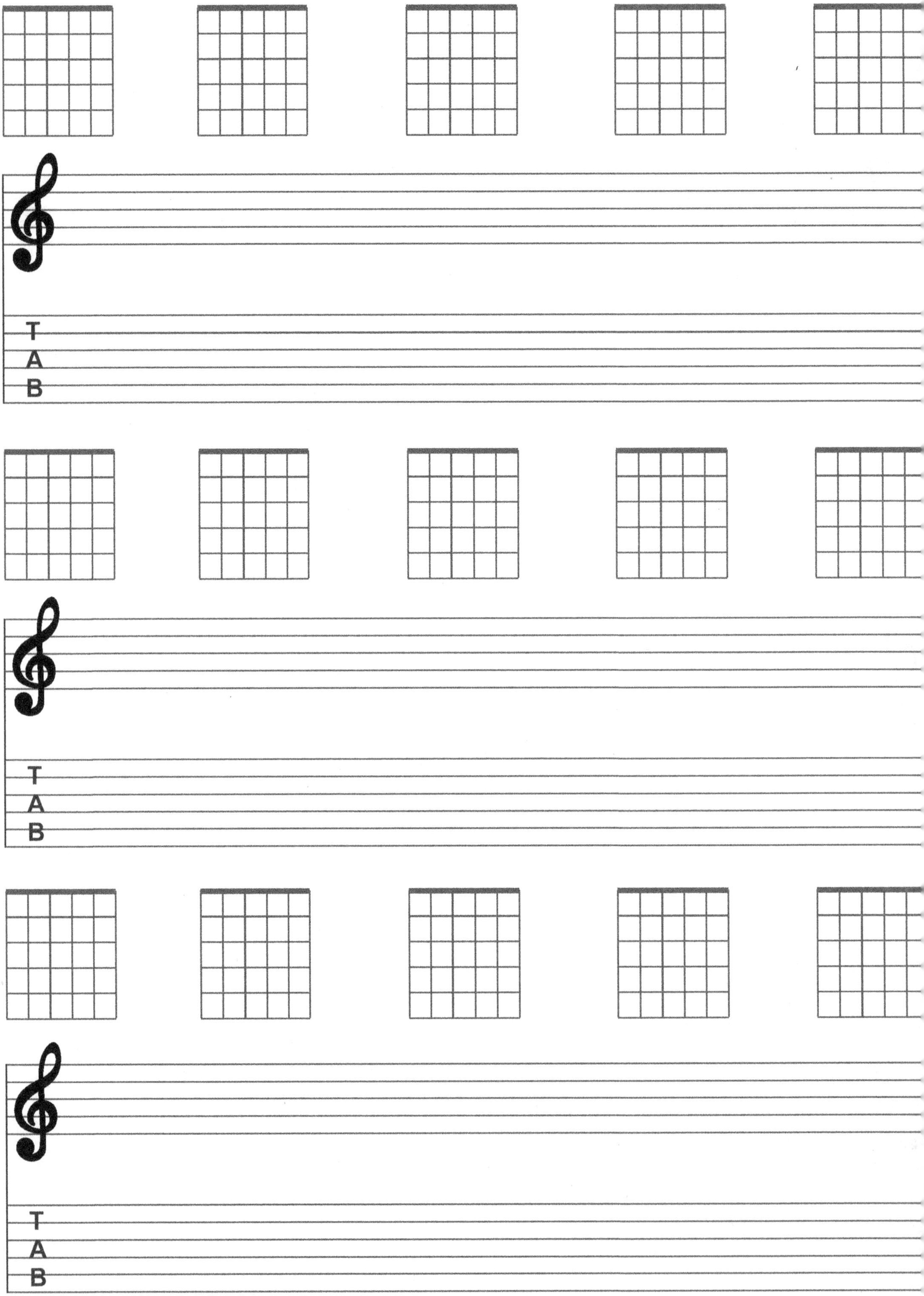
T
A
B
T
A
B
T
A
B

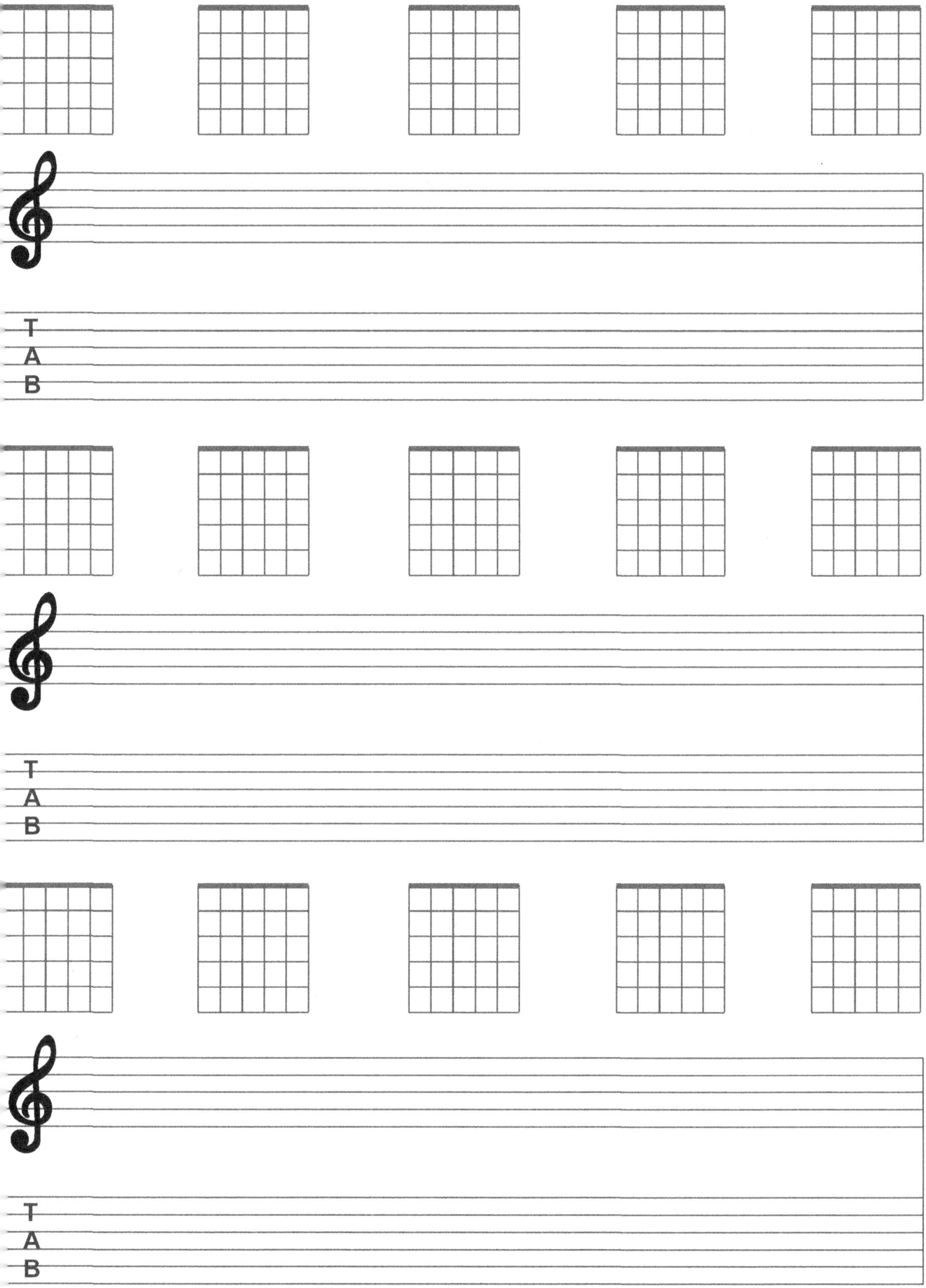
T
A
B
T
A
B
T
A
B

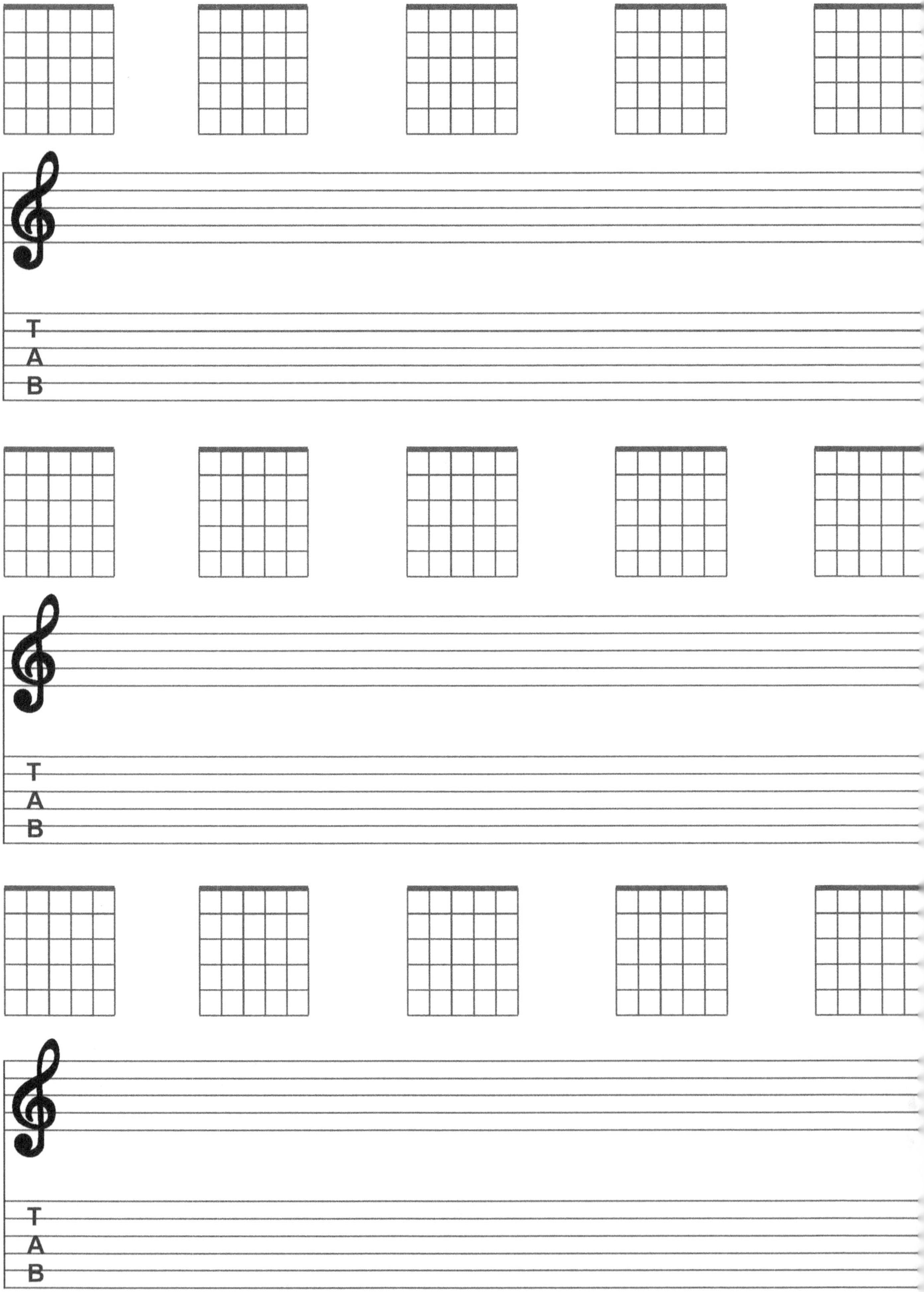
T
A
B
T
A
B
T
A
B

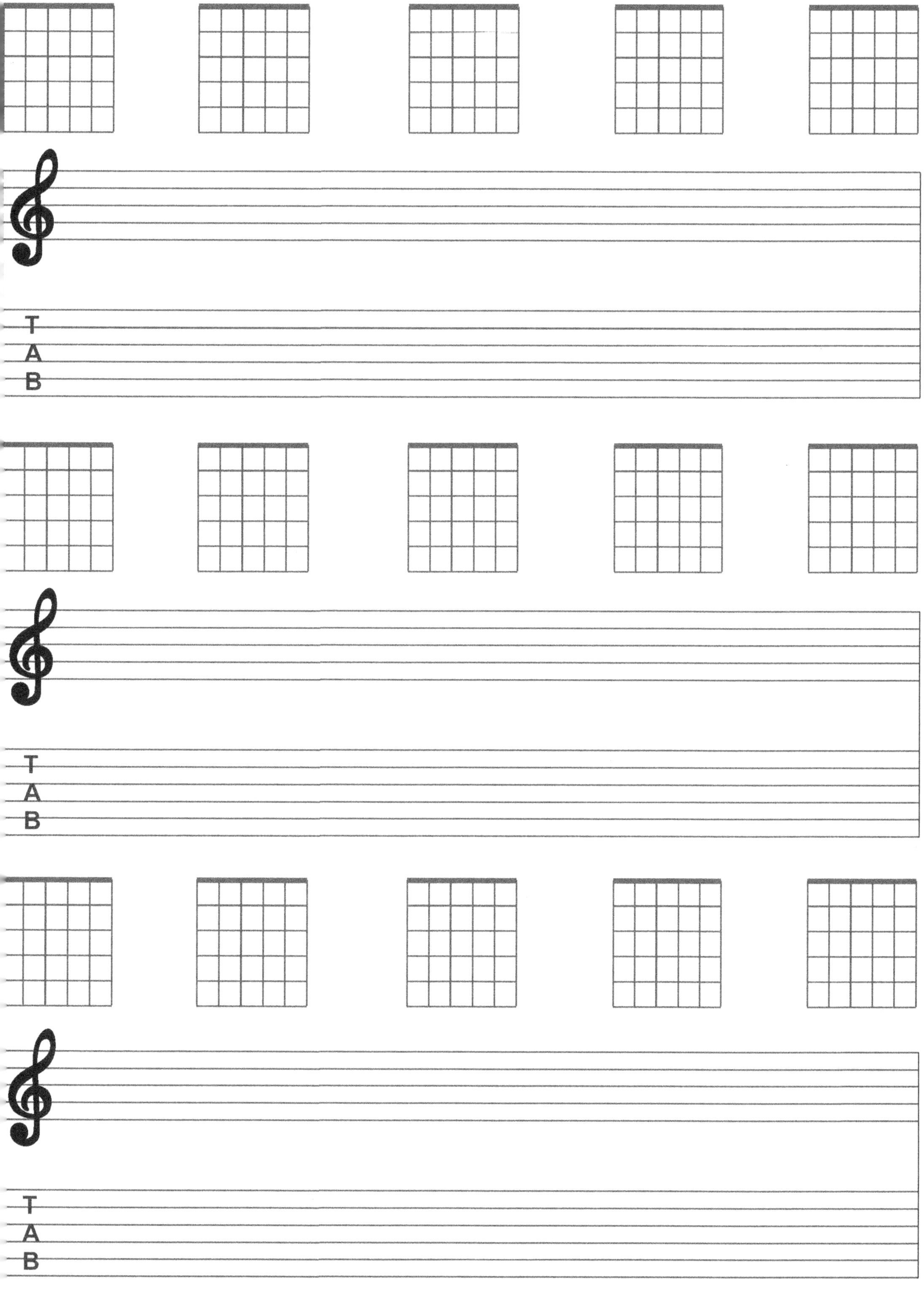
T
A
B
T
A
B
T
A
B

T
A
B

T
A
B

T
A
B

T
A
B

T
A
B

T
A
B

T
A
B

T
A
B

T
A
B

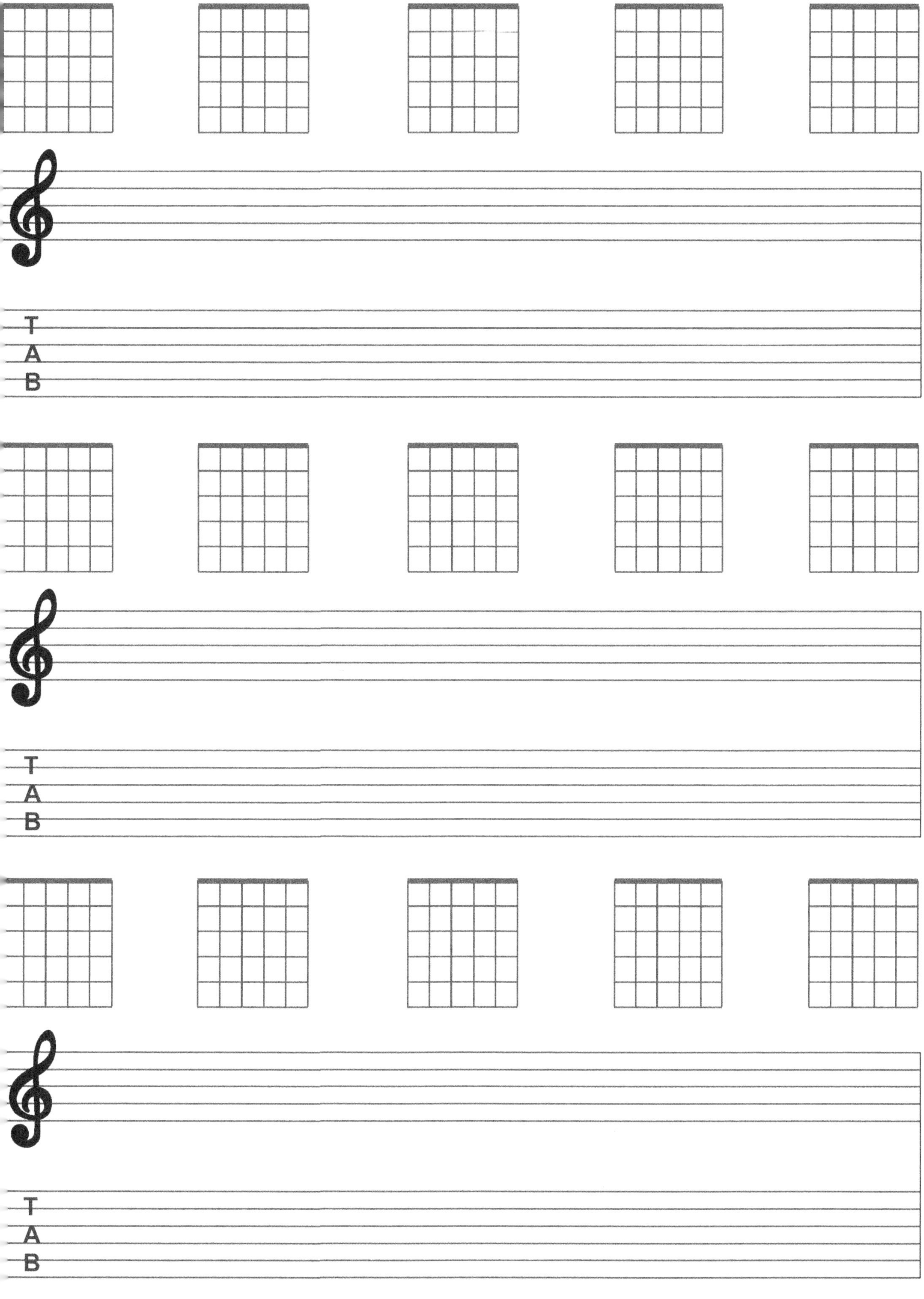
T
A
B
T
A
B
T
A
B

T
A
B

T
A
B

T
A
B

T
A
B

T
A
B

T
A
B

T
A
B

T
A
B

T
A
B

T
A
B

T
A
B

T
A
B

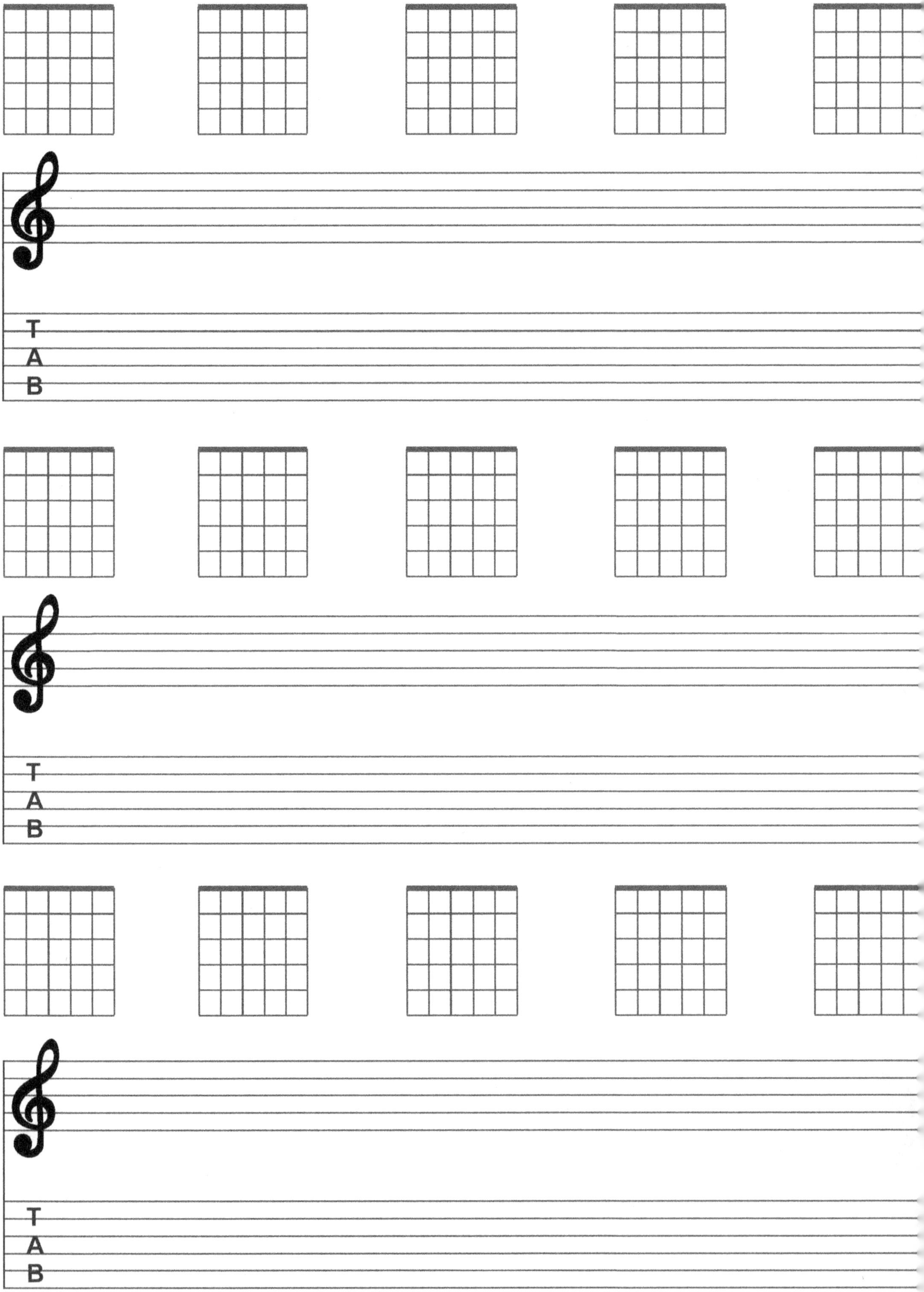
T
A
B
T
A
B
T
A
B

T
A
B

T
A
B

T
A
B

T
A
B

T
A
B

T
A
B

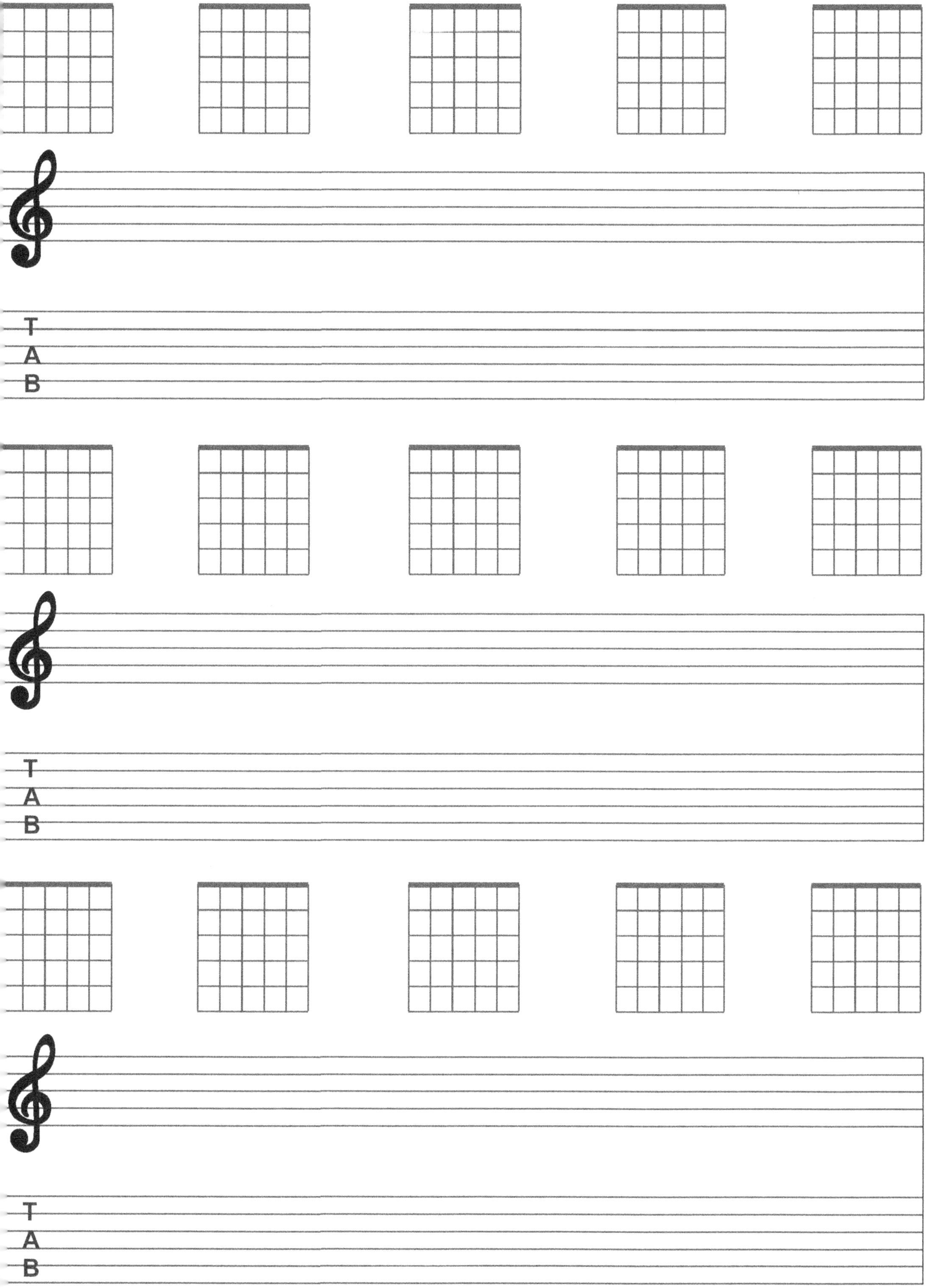
TAB
TAB
TAB

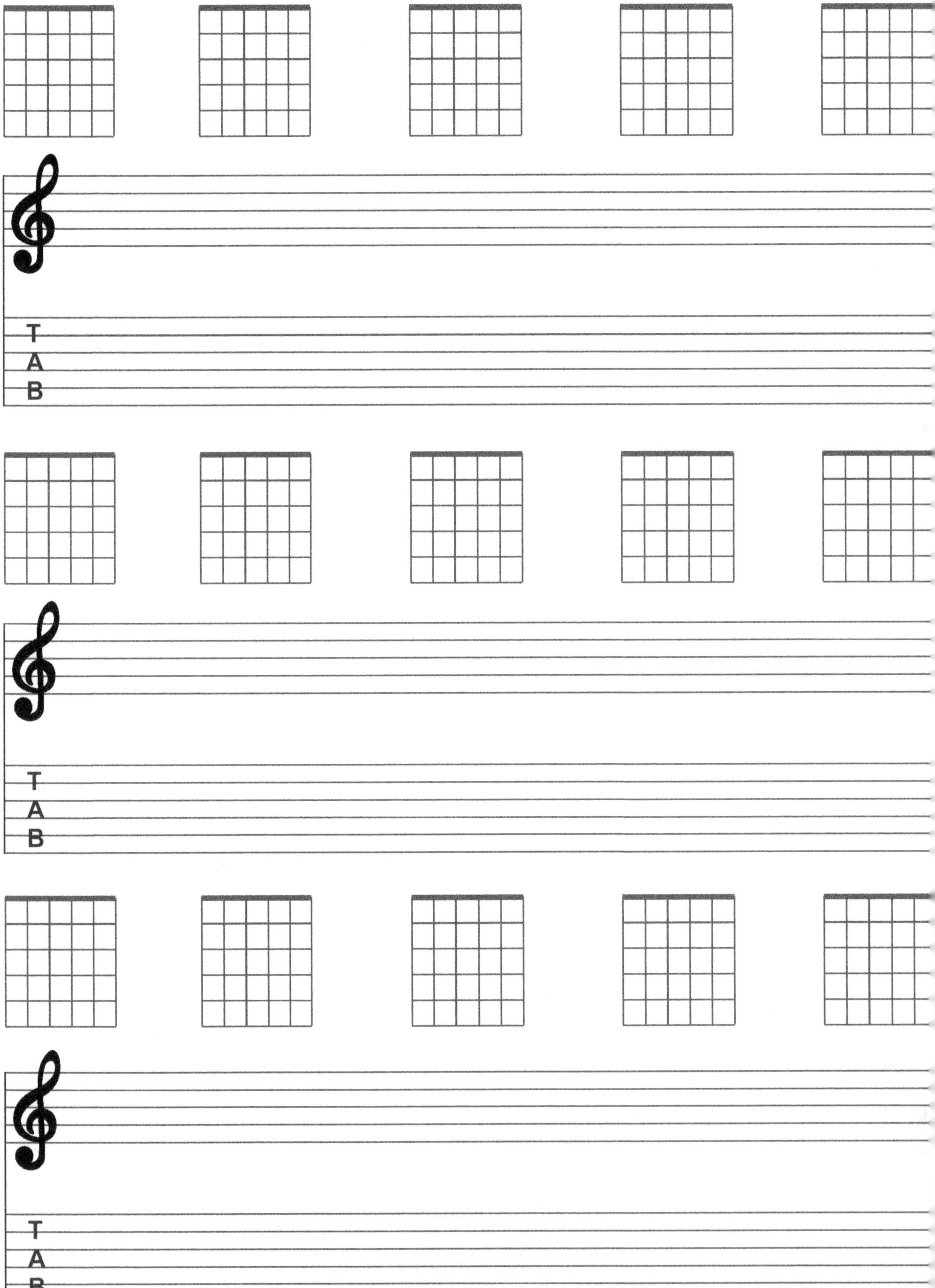
T
A
B
T
A
B
T
A
B

T
A
B

T
A
B

T
A
B

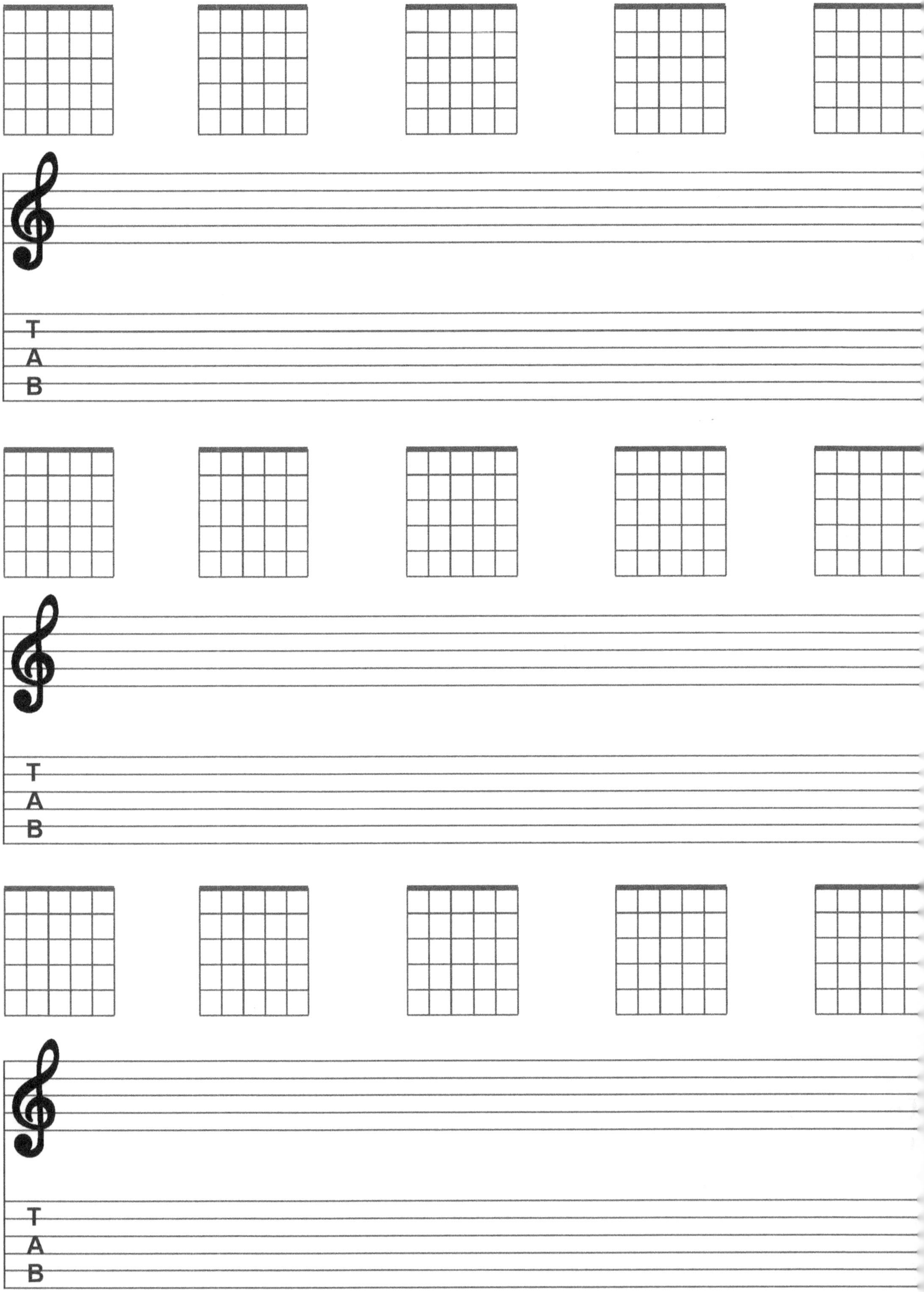
T
A
B
T
A
B
T
A
B

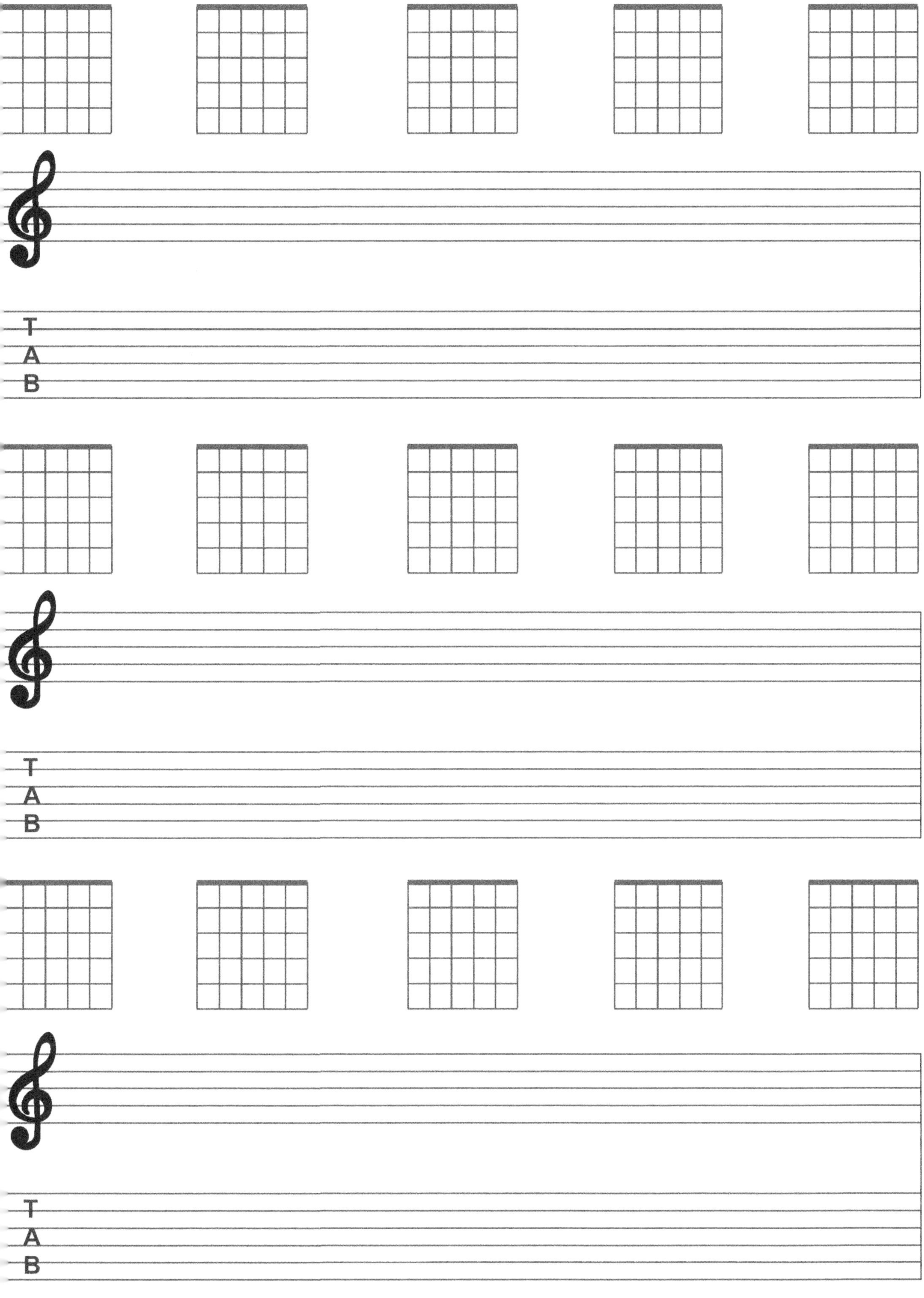

T
A
B
T
A
B
T
A
B

T
A
B

T
A
B

T
A
B

T
A
B

T
A
B

T
A
B

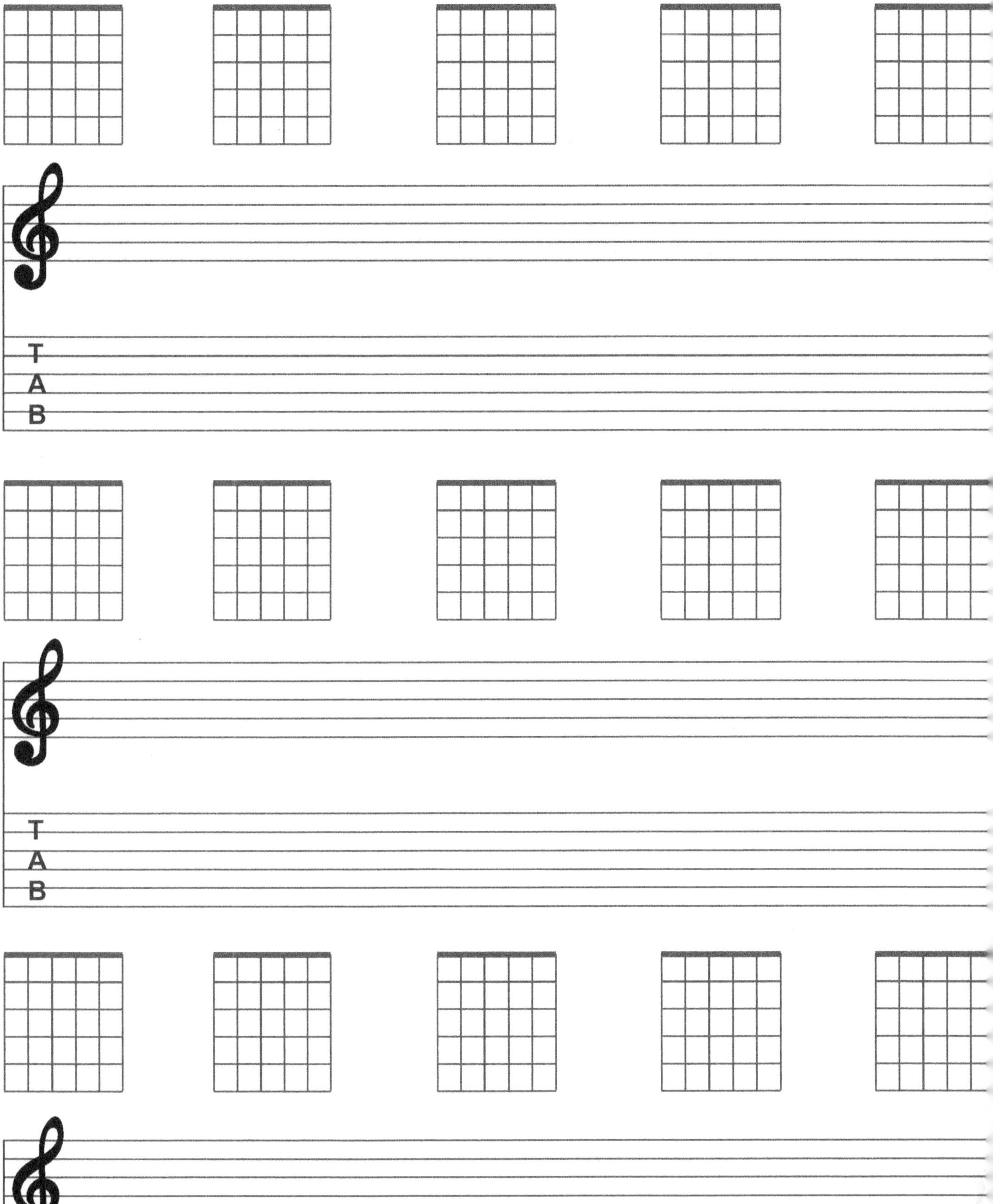
T
A
B
T
A
B
T
A
B

T
A
B

T
A
B

T
A
B

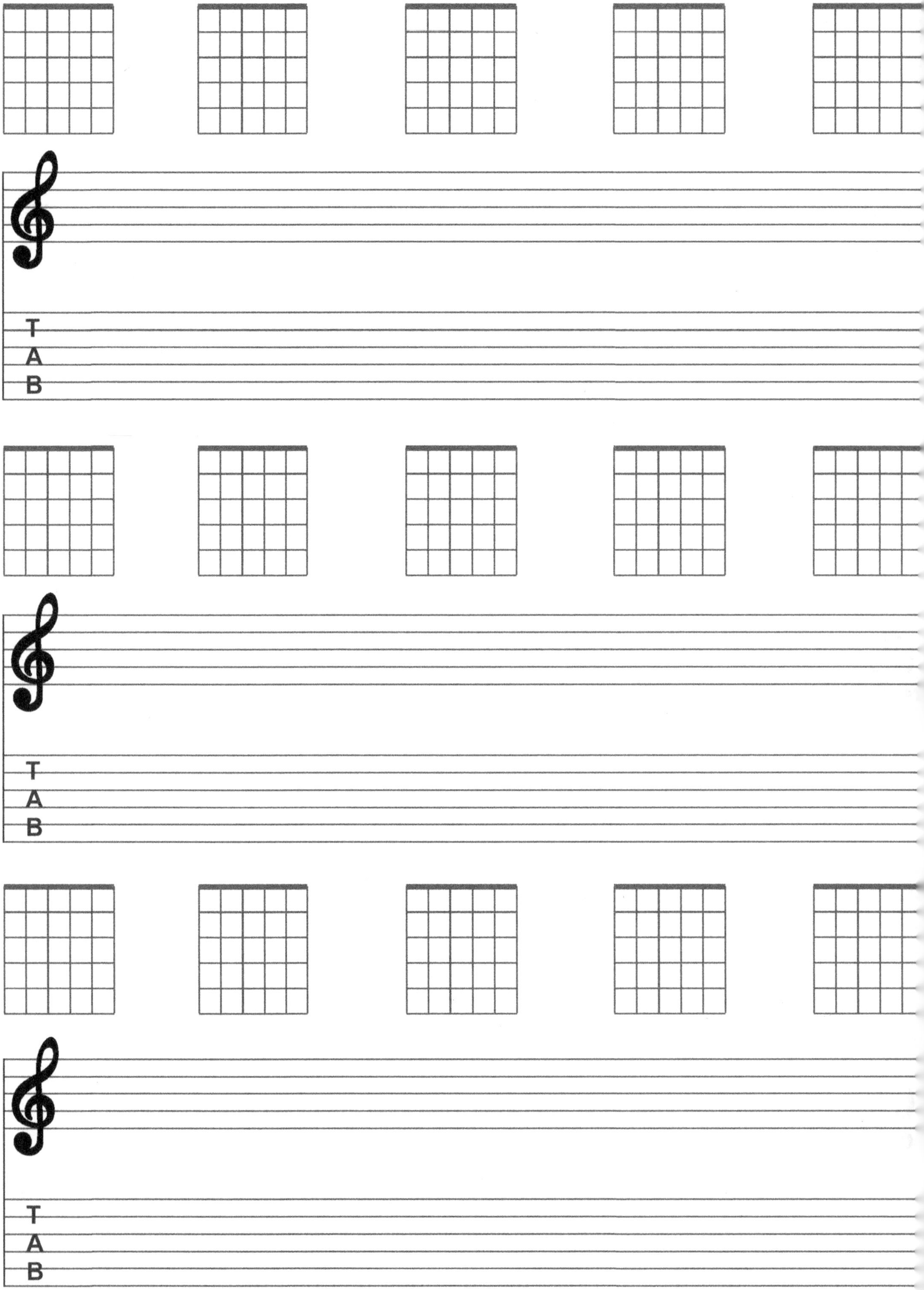
T
A
B
T
A
B
T
A
B

T
A
B

T
A
B

T
A
B

T
A
B

T
A
B

T
A
B

T
A
B

T
A
B

T
A
B

T
A
B

T
A
B

T
A
B

T
A
B

T
A
B

T
A
B

TAB

TAB

TAB

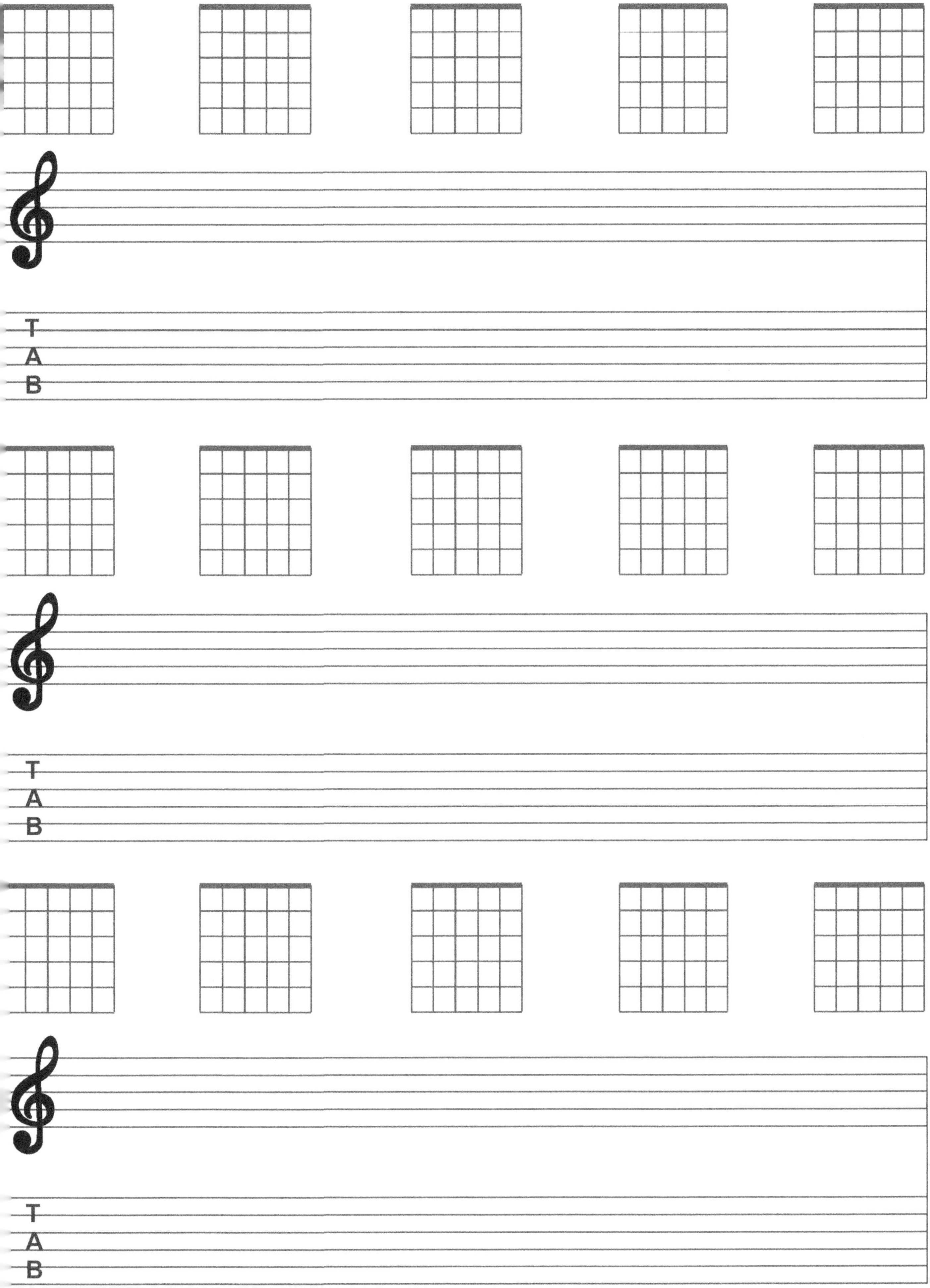
TAB
TAB
TAB

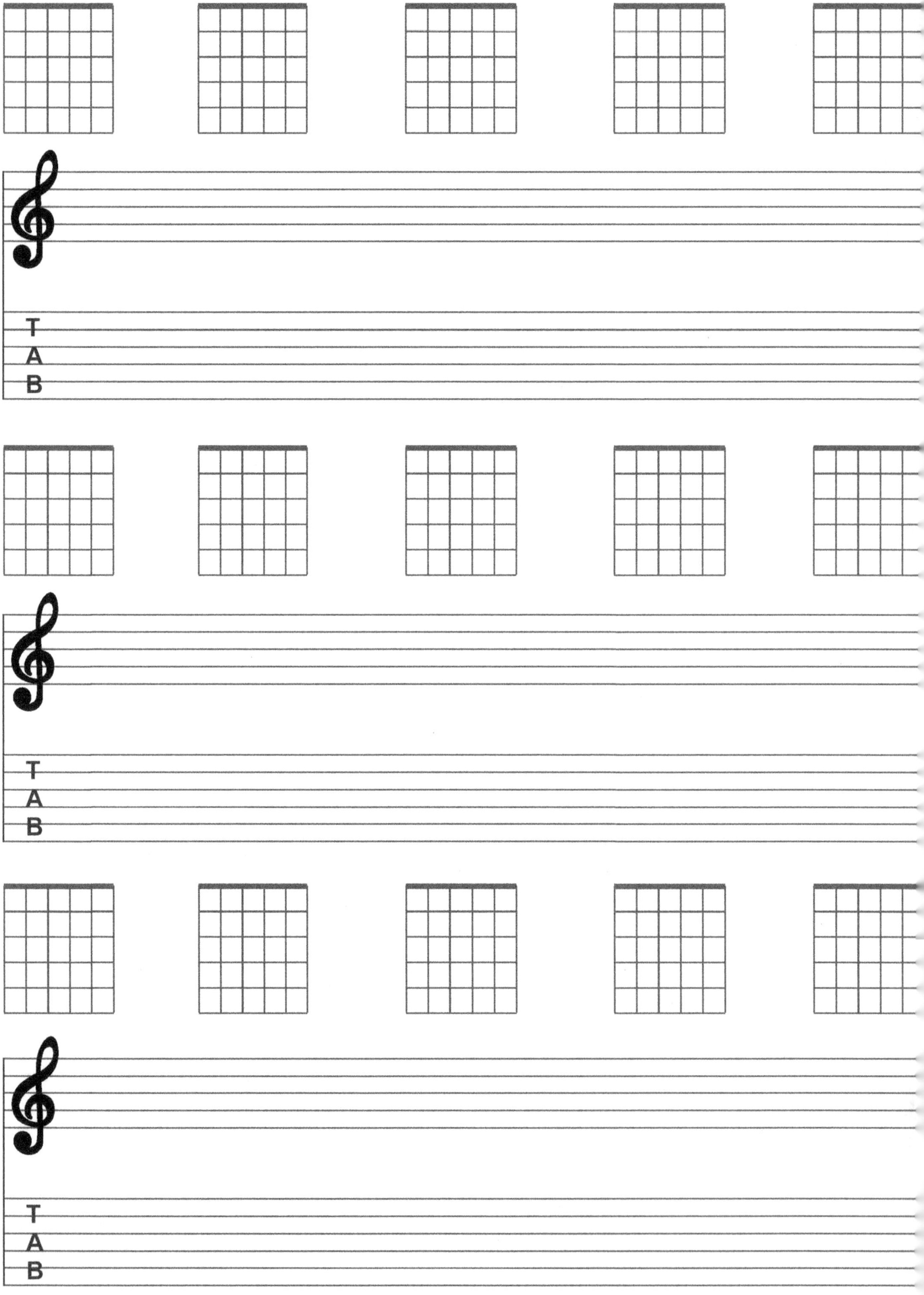
T
A
B
T
A
B
T
A
B

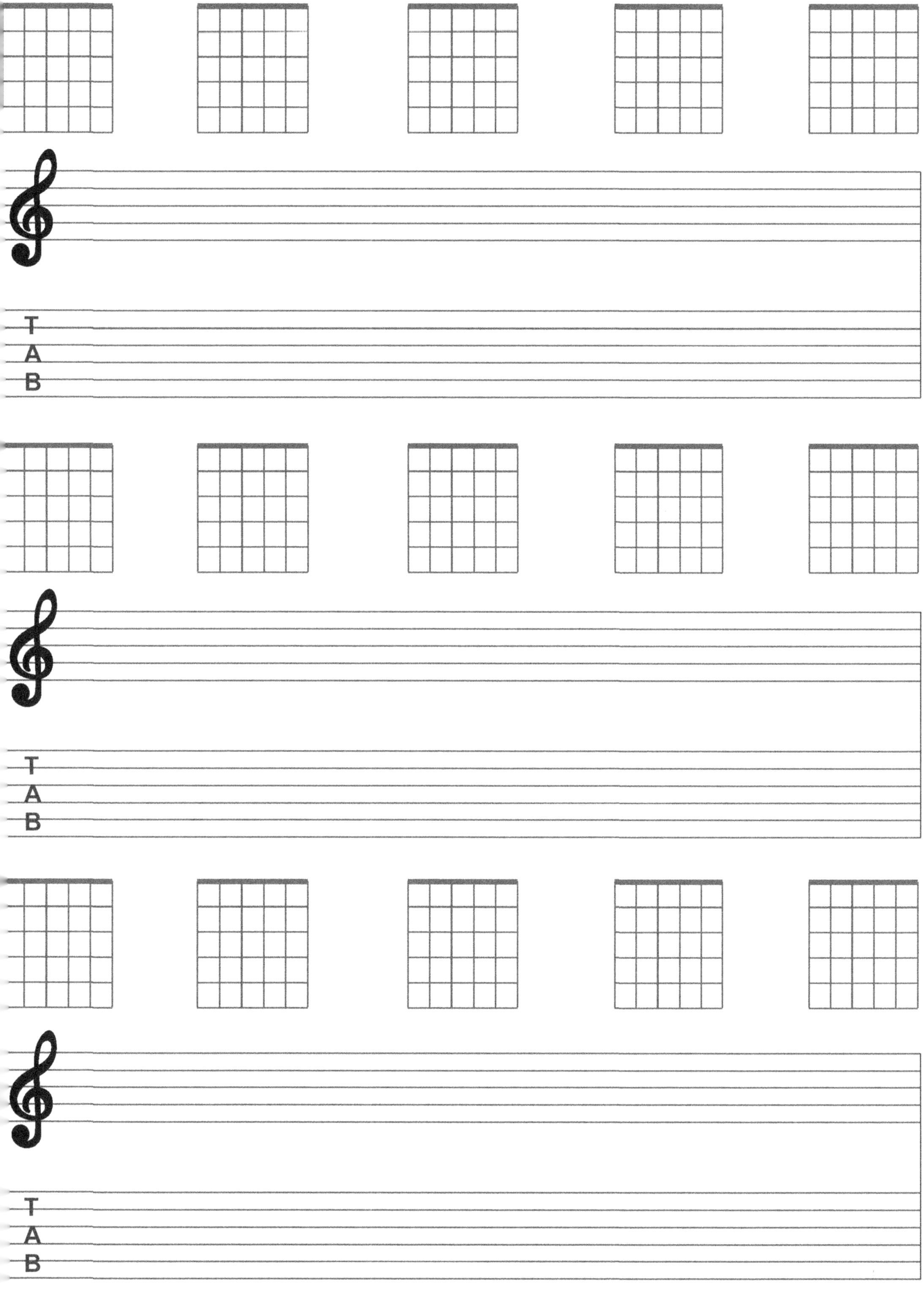
TAB
TAB
TAB

T
A
B

T
A
B

T
A
B

T
A
B

T
A
B

T
A
B

T
A
B

T
A
B

T
A
B

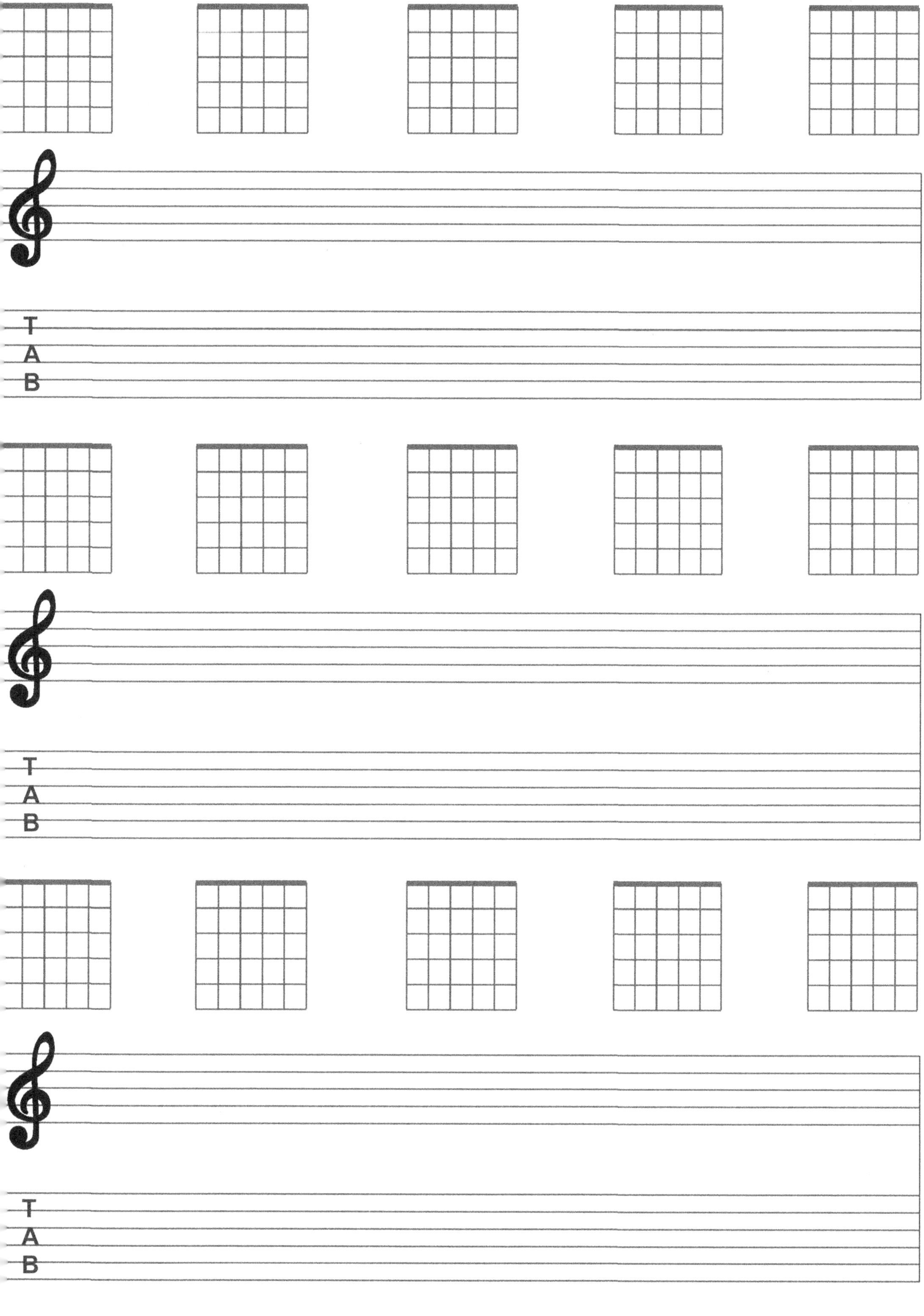
TAB
TAB
TAB

T
A
B

T
A
B

T
A
B

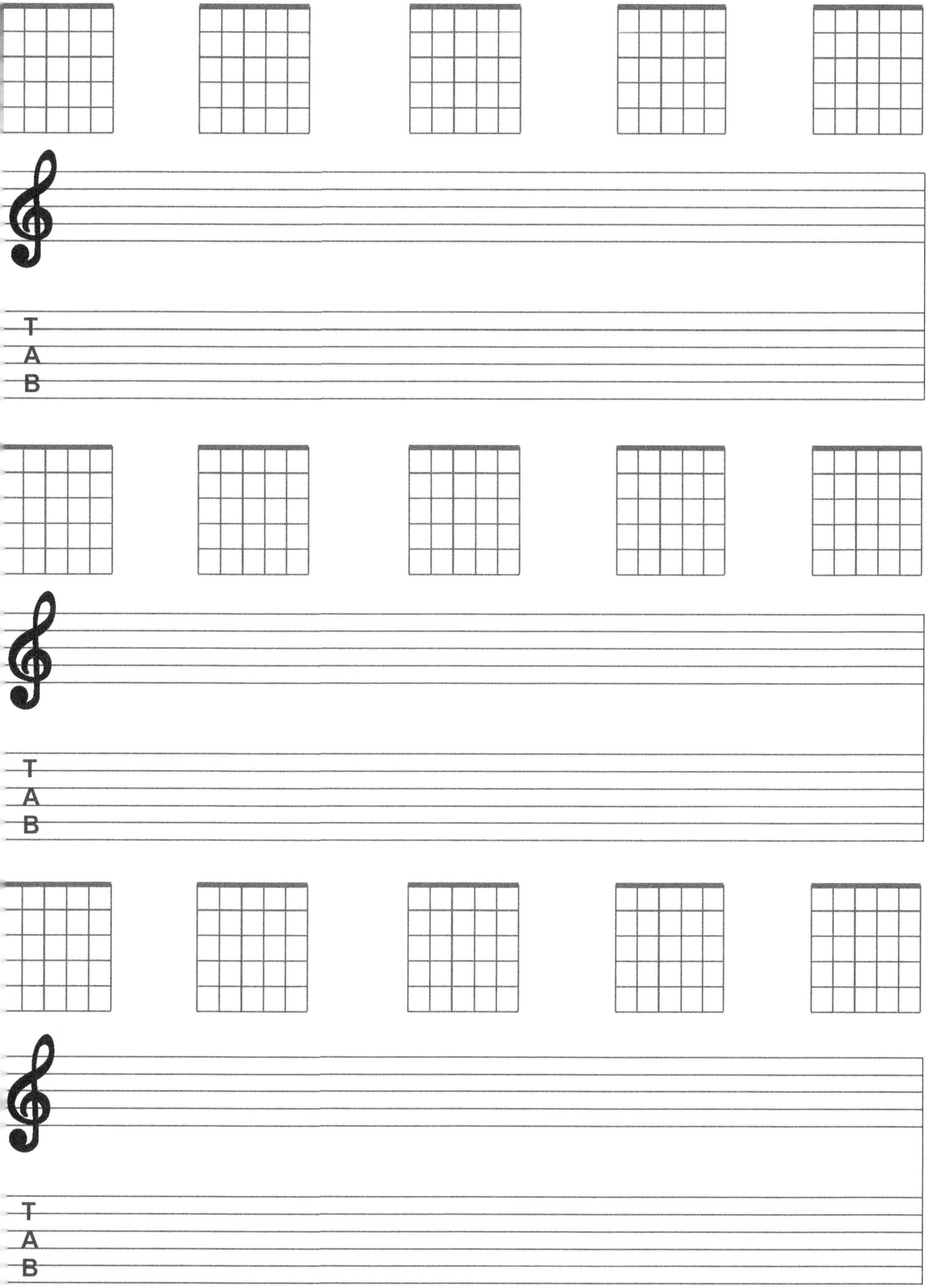
T
A
B
T
A
B
T
A
B

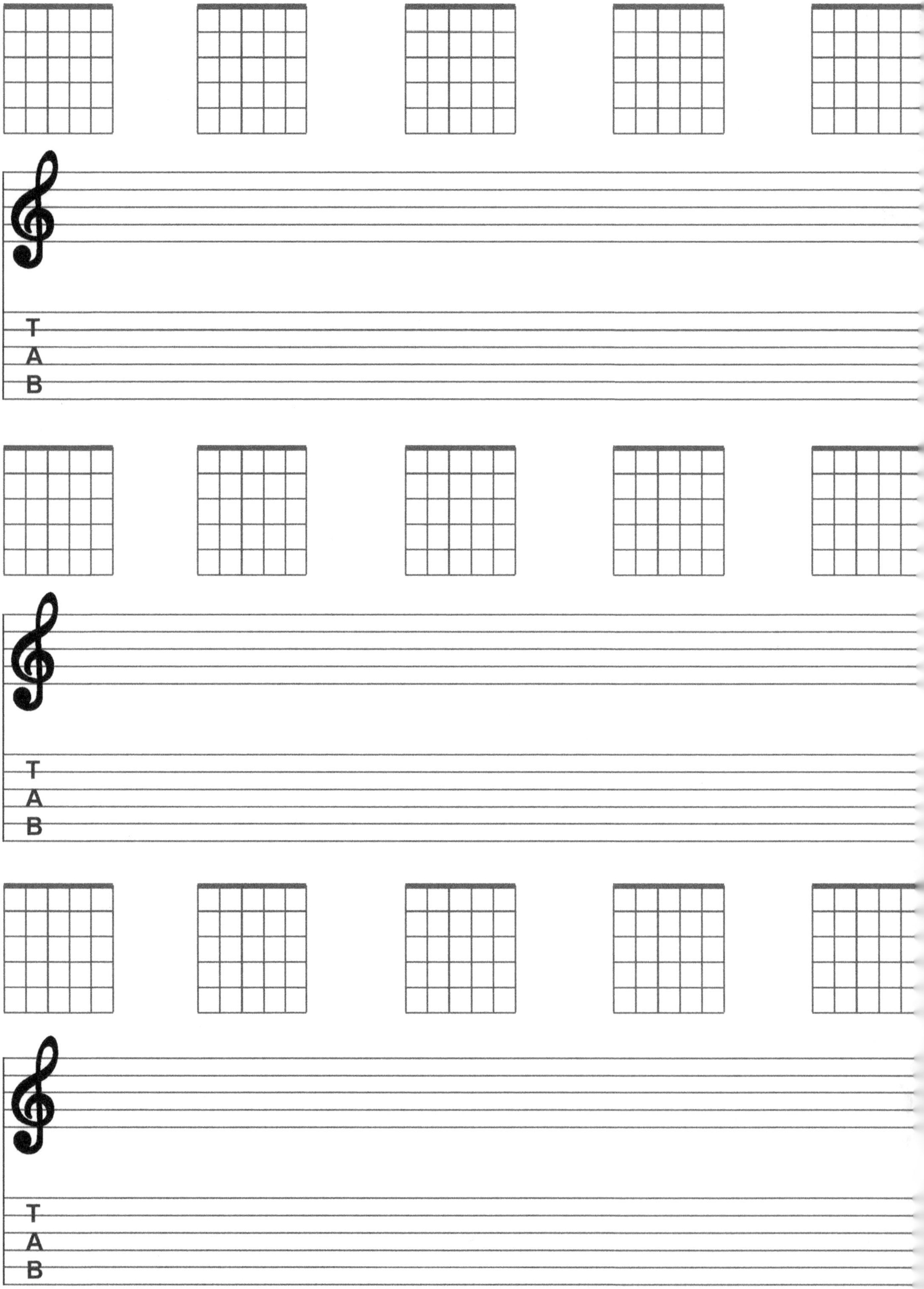
T
A
B
T
A
B
T
A
B

T
A
B

T
A
B

T
A
B

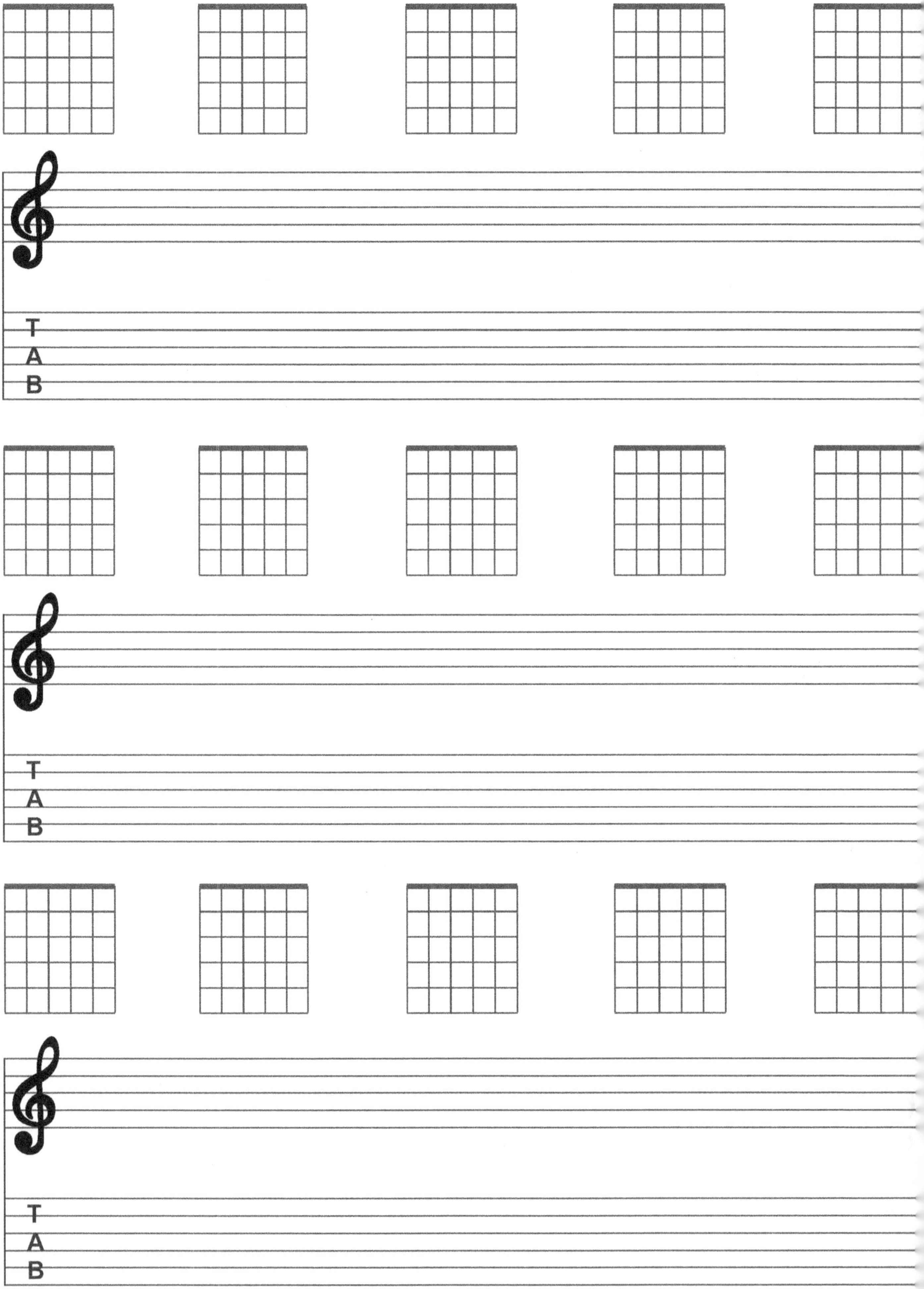
TAB
TAB
TAB

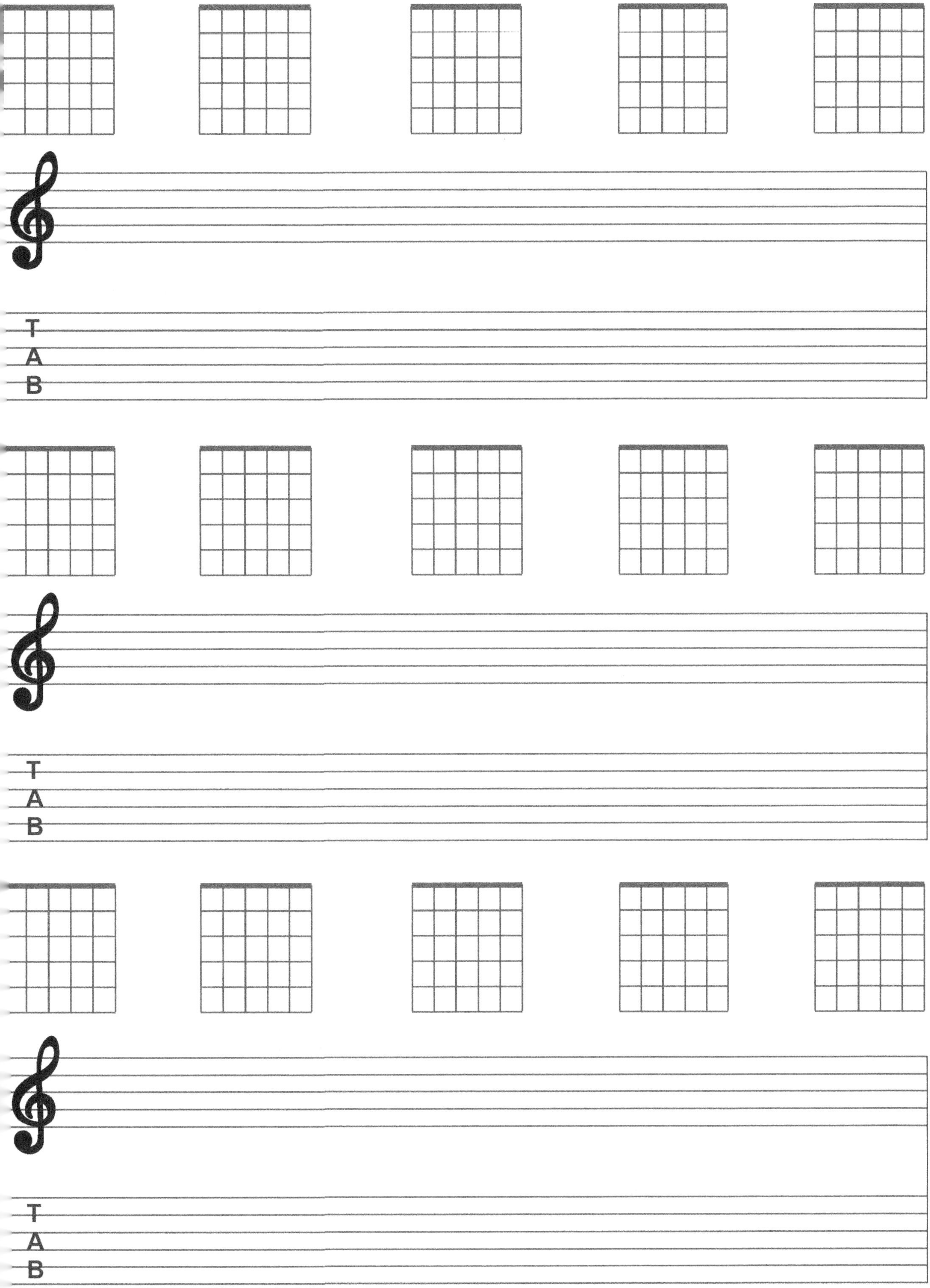
TAB
TAB
TAB

T
A
B

T
A
B

T
A
B

T
A
B

T
A
B

T
A
B

T
A
B

T
A
B

T
A
B

T
A
B

T
A
B

T
A
B

T
A
B

T
A
B

T
A
B

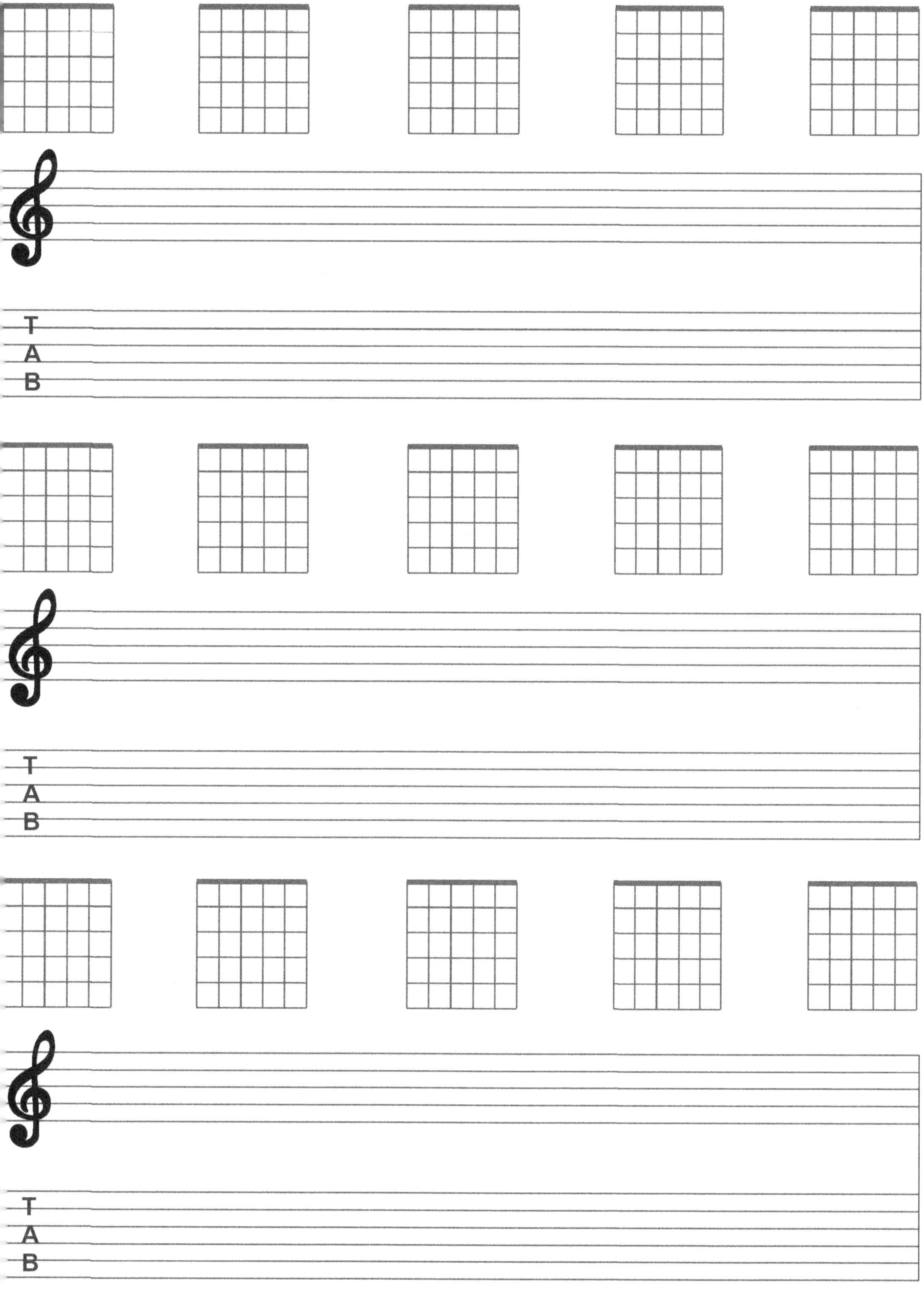
TAB
TAB
TAB

T
A
B

T
A
B

T
A
B

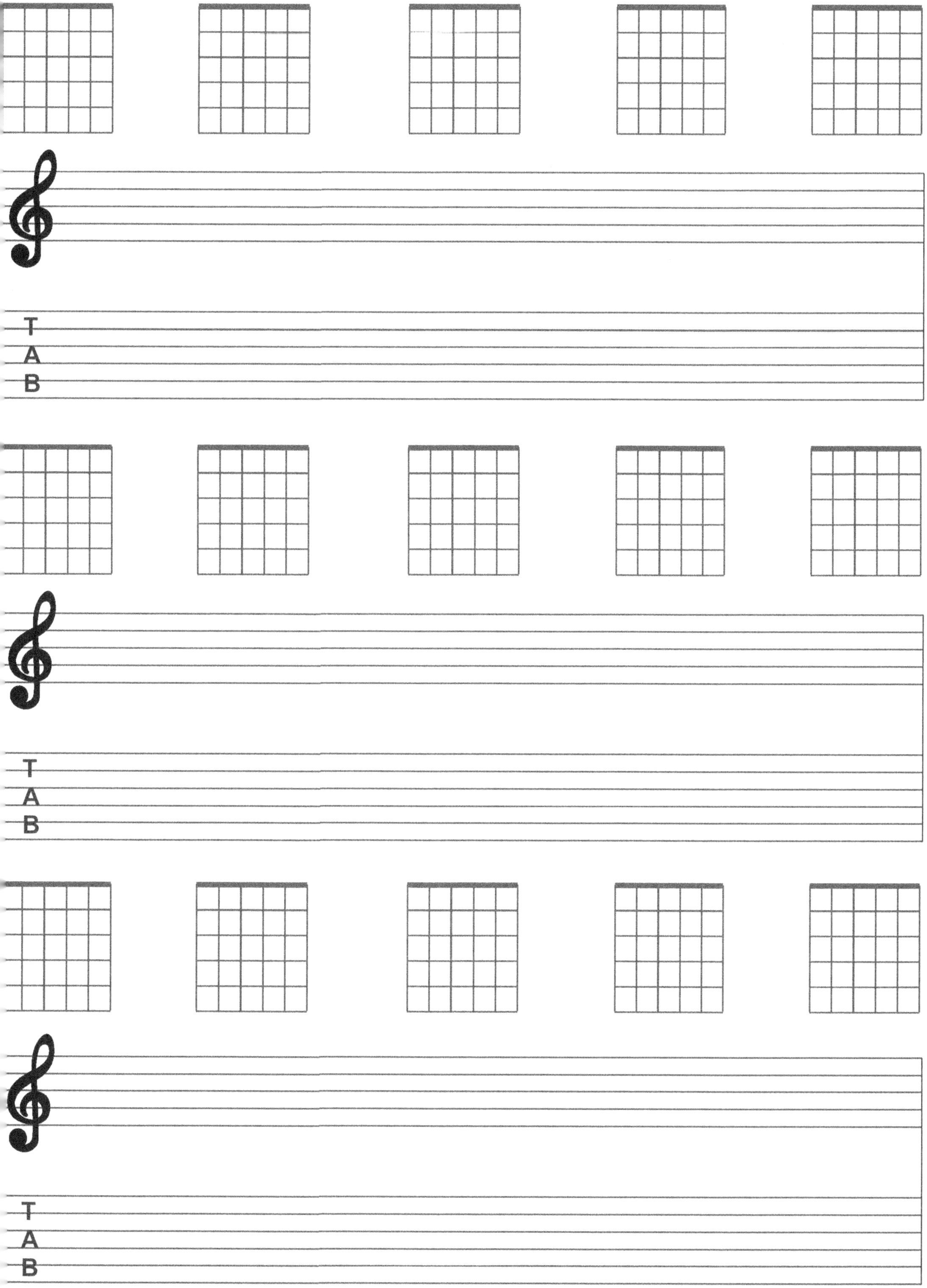
T
A
B
T
A
B
T
A
B

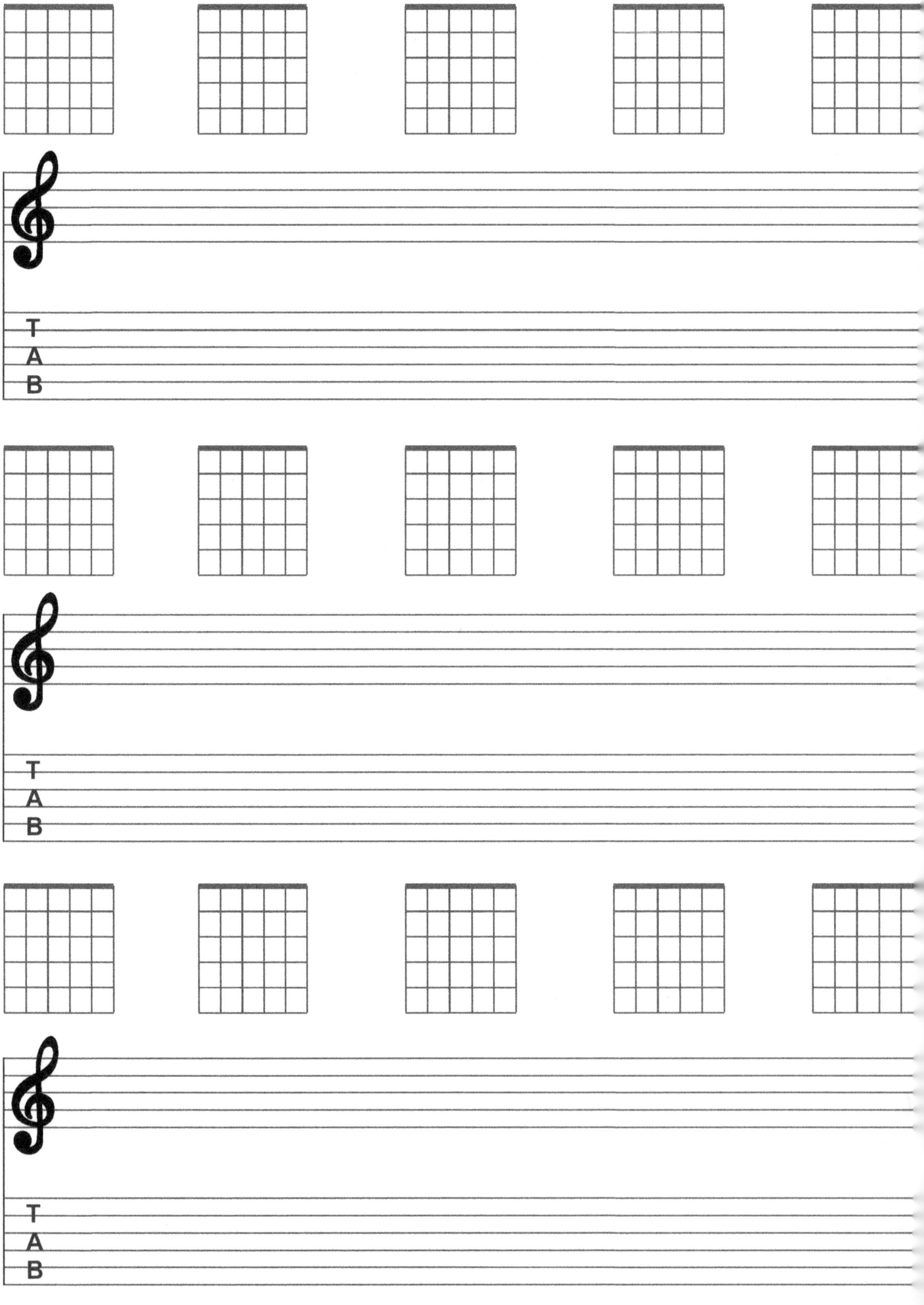
T
A
B
T
A
B
T
A
B

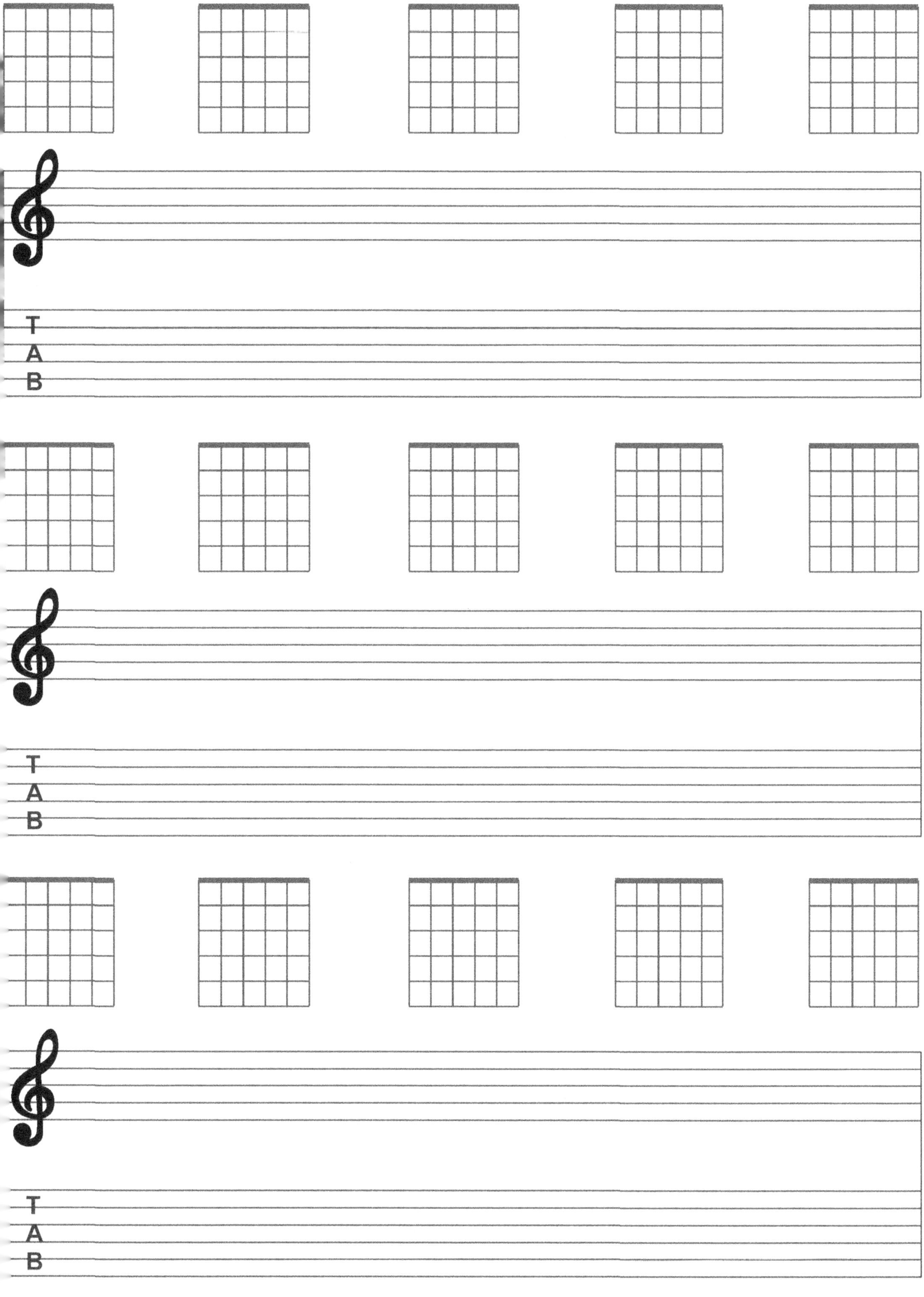
T
A
B
T
A
B
T
A
B

T
A
B

T
A
B

T
A
B

T
A
B

T
A
B

T
A
B

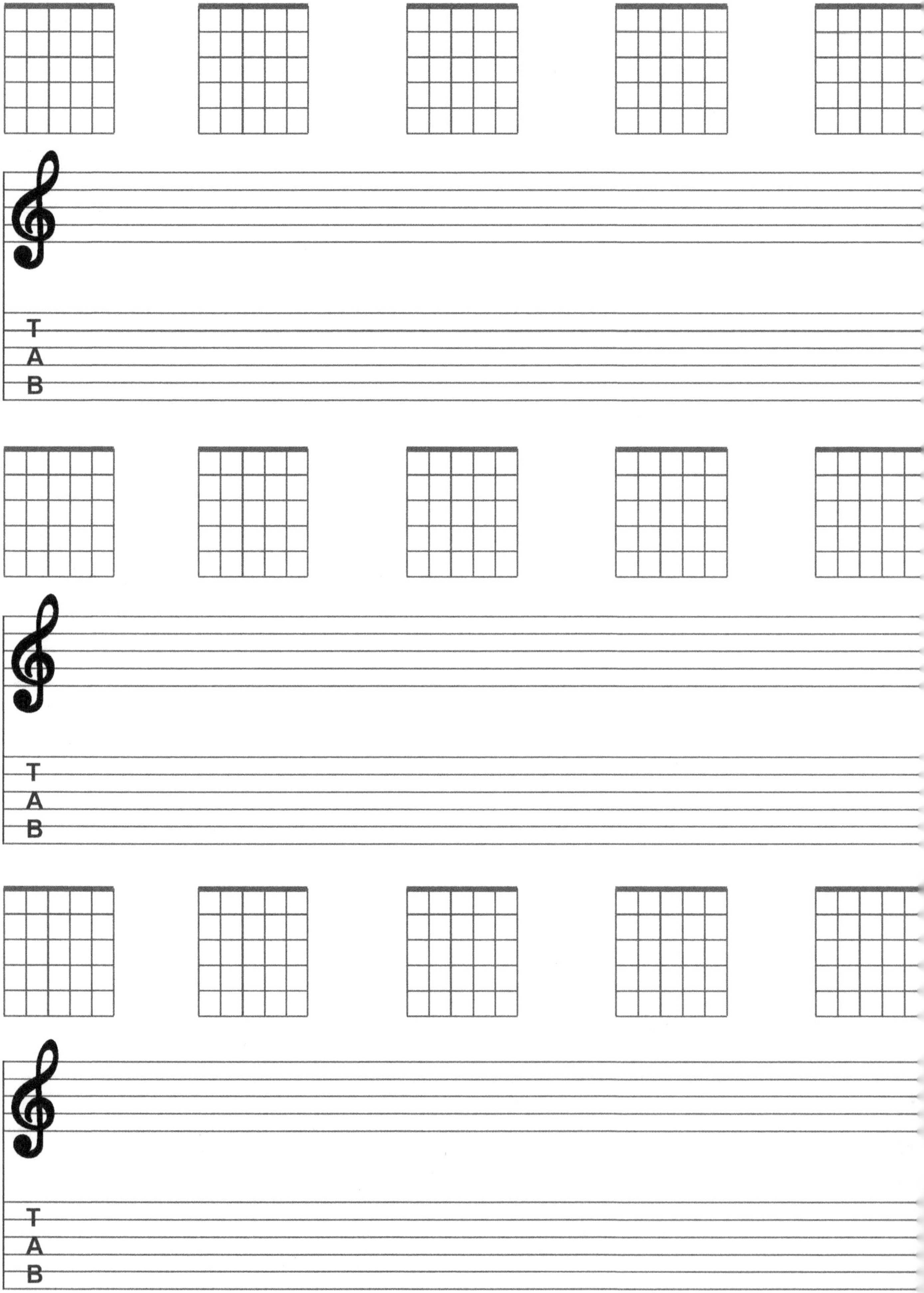
T
A
B
T
A
B
T
A
B

T
A
B

T
A
B

T
A
B

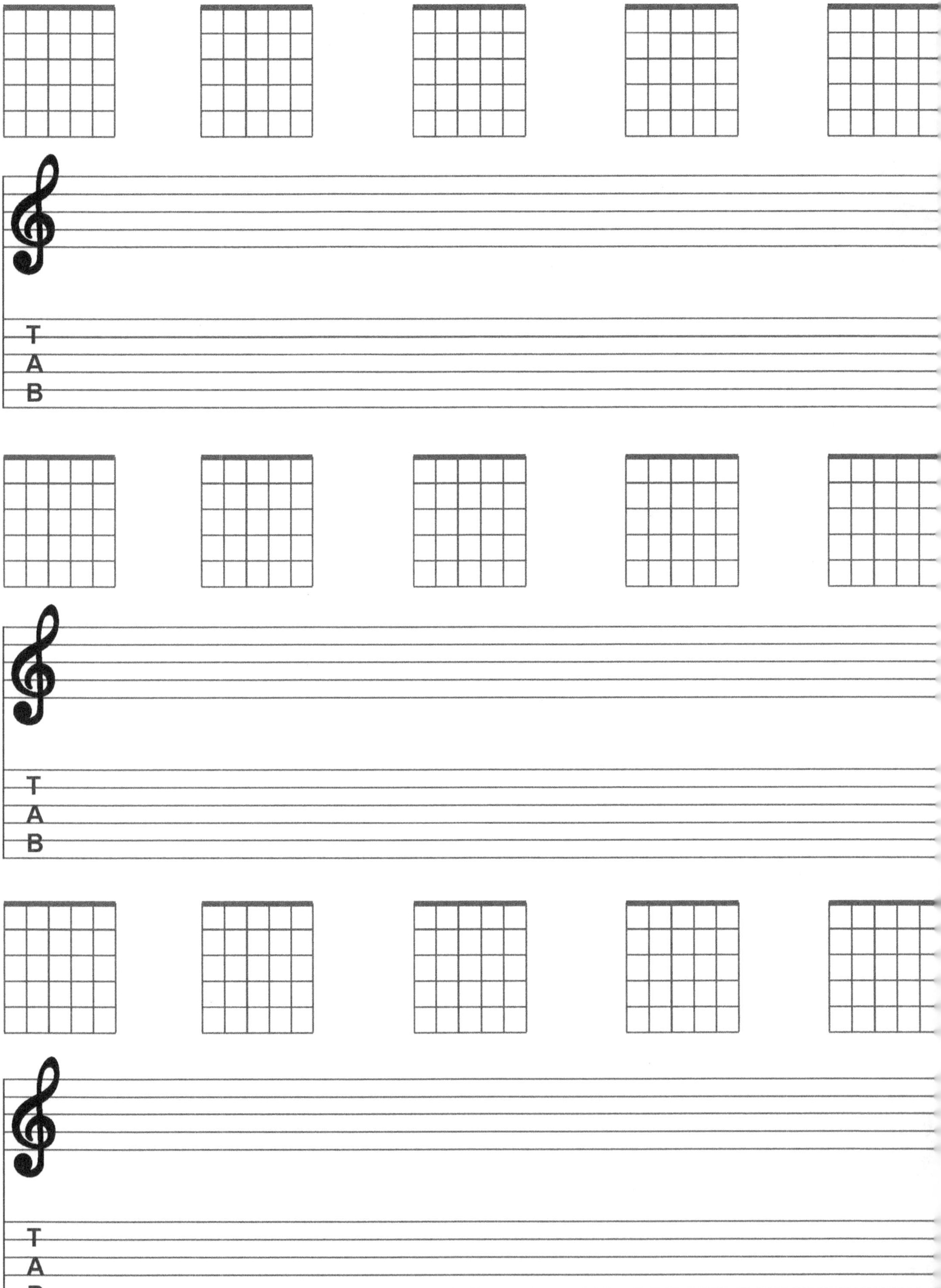
T
A
B
T
A
B
T
A
B

T
A
B

T
A
B

T
A
B

T
A
B

T
A
B

T
A
B

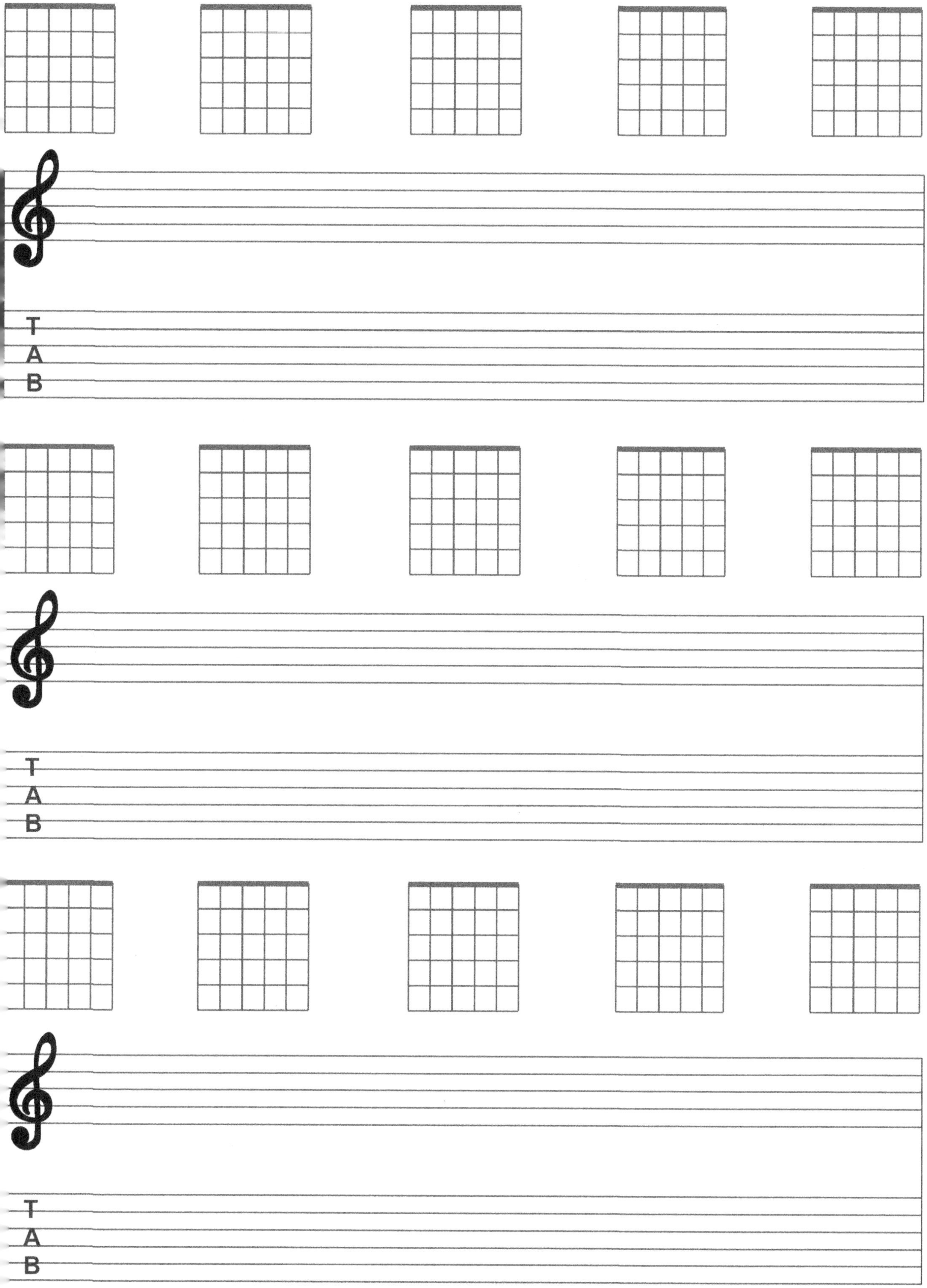
T
A
B
T
A
B
T
A
B

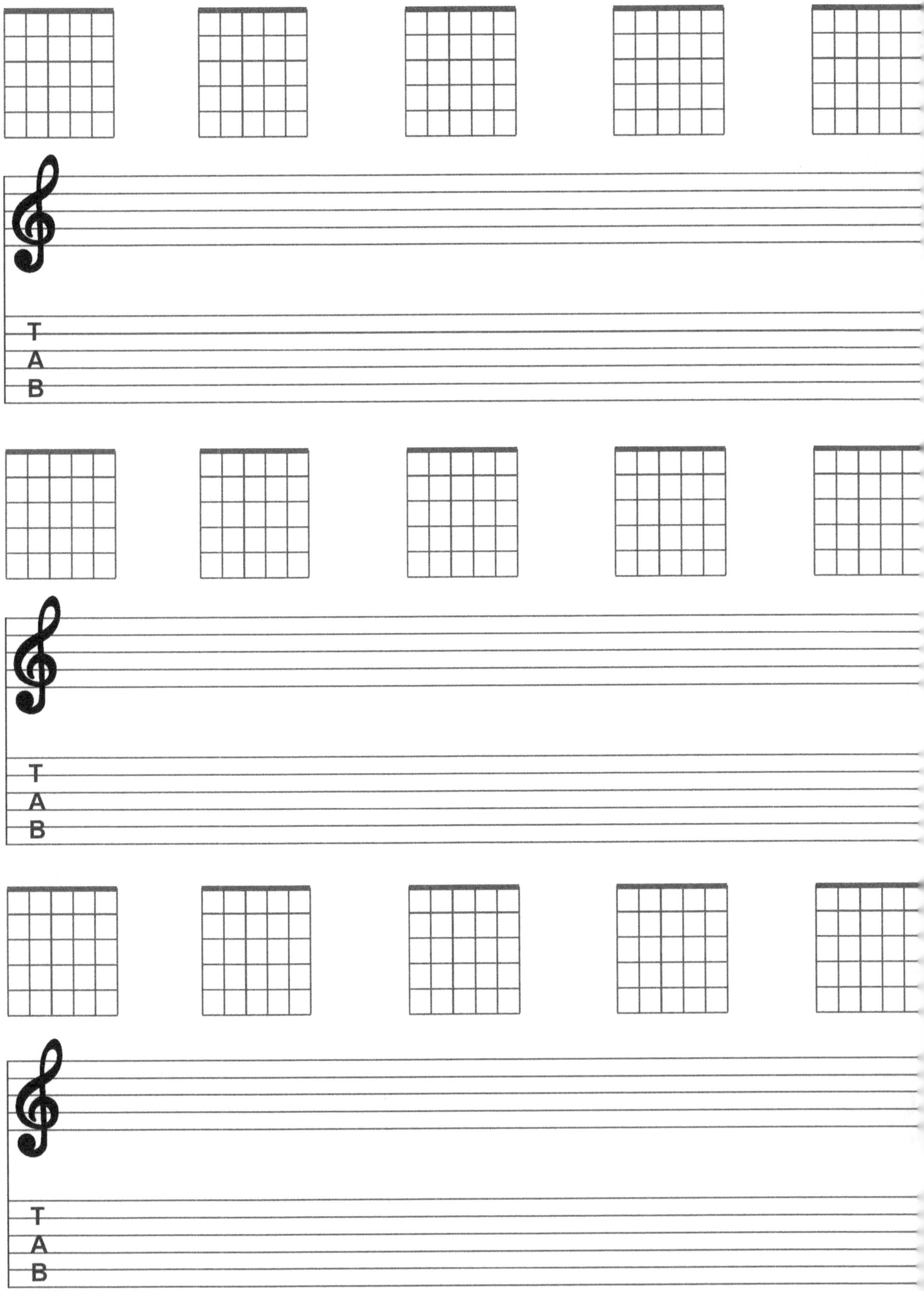
T
A
B
T
A
B
T
A
B

T
A
B

T
A
B

T
A
B

T
A
B

T
A
B

T
A
B

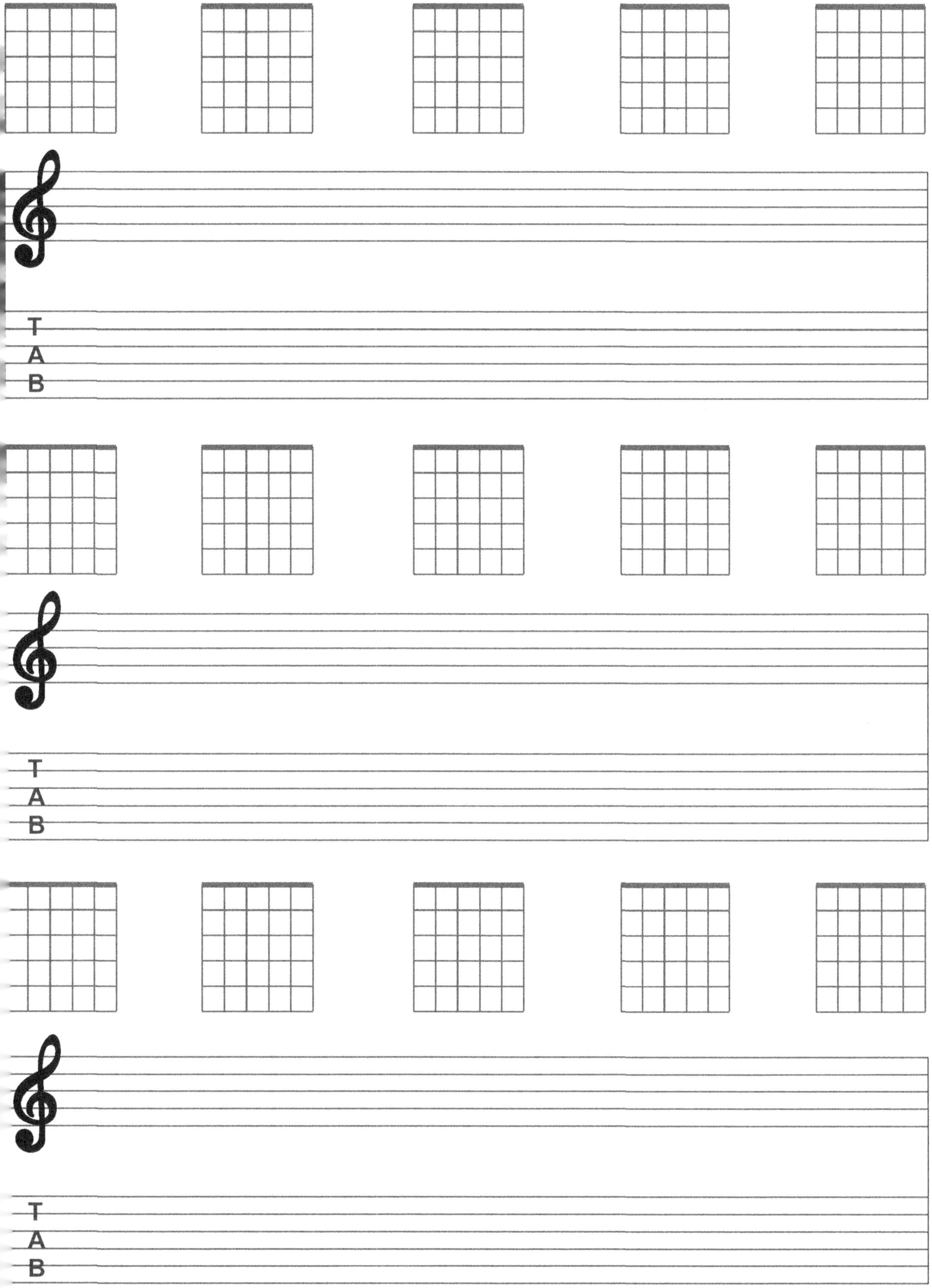
TAB
TAB
TAB

T
A
B

T
A
B

T
A
B

T
A
B

T
A
B

T
A
B

T
A
B

T
A
B

T
A
B

T
A
B

T
A
B

T
A
B

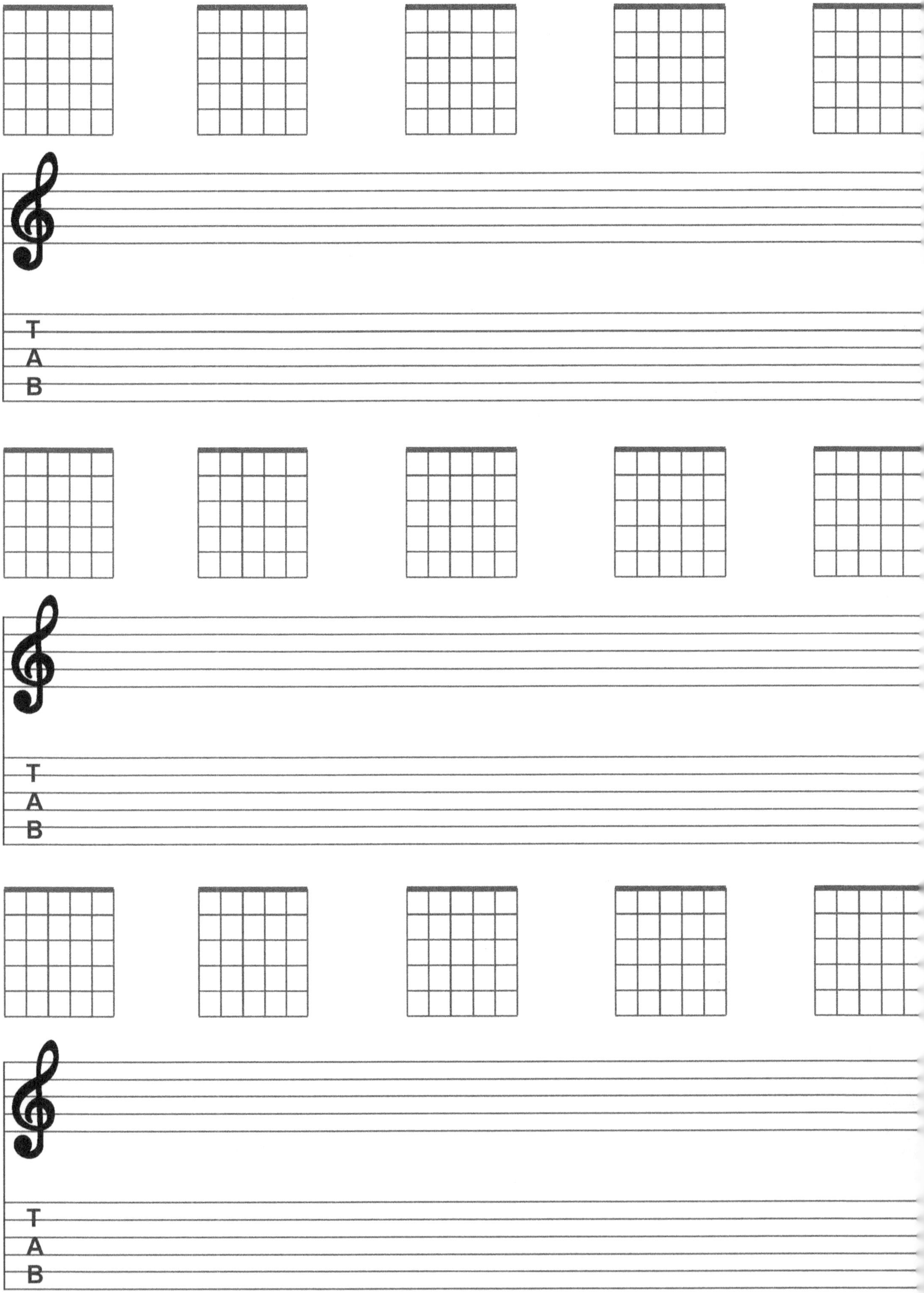
TAB
TAB
TAB

Made in the USA
Las Vegas, NV
27 December 2024

15446564R00057